FRIEDRICH TORBERG

GESAMMELTE WERKE

IN EINZELAUSGABEN

Band XIX

VOREINGENOMMEN WIE ICH BIN

FRIEDRICH TORBERG

Voreingenommen wie ich bin

Von Dichtern, Denkern und Autoren

LANGEN MÜLLER

Herausgegeben von
David Axmann und Marietta Torberg

in der F. A. Herbig Verlagsbuchhandlung GmbH, München
Umschlaggestaltung: Wolfgang Heinzel
unter Verwendung eines Fotos von Hilde Zemann, München
Satz: Filmsatz Schröter GmbH, München
Gesetzt aus 10/12 Garamond auf Linotronic 300
Druck: Jos. C. Huber, Dießen
Binden: R. Oldenbourg, München
Printed in Germany
ISBN: 3-7844-2364-7

Inhalt

Vorwort

»Friedrich Torberg hat gute Ansichten, auch als Literaturkritiker. Das liegt einerseits an seinem kritischen Standpunkt: Er weiß, worauf es ankommt; er versteht es, ein Sprachkunstwerk zu beurteilen. Und das liegt andererseits daran, daß er in jedem Falle seinen Standpunkt vertritt. Er ist – gottlob! – kein ›rein objektiver‹ Kritiker, der seine Meinung mit jeder literarischen Mode wechselt. Torberg verleugnet in keinem Falle seine persönliche Lebensansicht. Er maßt sich nicht an, nach allgemeingültigen Maßstäben zu urteilen. Er hat Mut zur Subjektivität. Das zeichnet seine literaturkritischen Urteile aus.«

So schrieb ich in der Festschrift zu Friedrich Torbergs 70. Geburtstag, »Der Weg war schon das Ziel«, 1978. Dreizehn Jahre danach geben wir aus seinem literarischen Nachlaß einen Band über den Literaturkritiker Torberg heraus.

Die hier versammelten Essays, Rezensionen und Notizen zeigen, welch erlesene Früchte dem Mut zur Subjektivität in literaturkritischen Angelegenheiten erwachsen, wenn der Mutbesitzer sein Urteil auf verläßliche Erfahrungen und profunde Kenntnisse gründen kann. Denn das konnte Torberg; er war an Erfahrungen und Kenntnissen reich, er wußte sehr genau, was Literatur zu sein hat bzw. nicht sein darf, was sie zu leisten vermag und was nicht; auf Grund dieses Wissens gab er seiner Subjektivität Spielraum, ließ seinen Vorlieben und Antipathien Lauf und hatte so zu allem, ob er's nun lobte oder tadelte, gelten ließ oder geringschätzte, stets etwas Gültiges zu sagen.

»Der Kunstrichter, der gegen alle nur *einen* Ton hat, hätte besser gar keinen. Und besonders der, der gegen alle nur höflich ist, ist im Grunde gegen die er höflich sein könnte grob.« Ein deutliches Wort. Es stammt von Lessing, der natürlich auch schon wußte, daß ein ernst zu nehmender Kritiker der allgemeinen Verbindlichkeit zu entraten und sich klar zu entscheiden habe, ob ihm ein Kunstwerk geglückt oder mißlungen erscheine. Die Maßstäbe, nach denen er urteilt, stehen freilich von vornherein fest; sie bilden den Standpunkt, von dem aus der Kunstrichter operiert. Kurzum, »es gibt«, wie Torberg feststellt, »keine unvoreingenommene Kritik, und es soll sie auch gar nicht geben«.

Der Literaturkritiker sei eben kein unparteiischer Beobachter, der jeden Schriftsteller einen braven Mann sein läßt und jedem literarischen Werk etwas Positives abgewinnen kann. Von ihm ist zu erwarten, ja mehr noch zu fordern, daß er Partei nimmt; und zwar die Partei jener Literatur, die er – aus guten und von ihm dargelegten Gründen – für wichtig, bedeutend, maßgeblich hält.

Wie er Partei nimmt, das heißt auf welche literarische Weise, trägt zu der kritischen Position, die wir ihm zuerkennen, entscheidend bei und eröffnet uns zudem Einblick in seine Art, die Welt der Literatur, ja die Welt überhaupt zu sehen, zu verstehen und zu beschreiben.

So entsteht – in den besten Fällen – zwischen dem Kritiker und seinem Gegenstand eine spannungsreiche, fruchtbare Beziehung, der ein kritisches Urteil von literarischem Rang entspringt, oder, mit Friedrich Hebbel zu sprechen: »Die Kritik in würdiger Erscheinung ist wieder Produktion.«

Was Friedrich Torberg zu sagen hat, erfüllt, wie wir meinen, den hohen Anspruch, der an eine gleichermaßen vom Wissen um den Wert des »Objekts« wie vom Mut zur Subjektivität bestimmte, also maßgebliche Literaturkritik zu stellen ist. Dies gilt selbstverständlich für seine intensive Behandlung von »großen Themen«: von »Karl Kraus in seiner Zeit« etwa, dem Gesamtwerk Joseph Roths, der Lyrik Georg Trakls, den Briefen der Else Lasker-Schüler oder frühen Dichtungen Peter Handkes. Dies gilt, ebenso selbstverständlich, für seine Würdigungen literarischer Zeitgenossen wie Franz Werfel, Alexander Lernet-Holenia, Robert Neumann oder Carl Zuckmayer; gilt auch für seine Lyrik- und Prosa-Interpretationen (Heine und Morgenstern bzw. Cocteau) und für seine Auseinandersetzung mit ihm nicht just lieben Autoren wie Brecht, Rilke oder Thomas Mann.

Was Torberg über Fritz von Herzmanovsky-Orlando, dessen Werk er bekanntlich bearbeitet, herausgegeben und somit dem Leser wie der Literaturwissenschaft zugänglich gemacht hat, an Grundsätzlichem und Grundgescheitem zu sagen hat, zählt zweifellos zum Besten, was in dieser so merkwürdigen Literatursache je geäußert wurde. Und in dem 1948 verfaßten Essay »Die deutsche Literatur im Exil« definiert Torberg den so wesentlichen wie gerne übersehenen oder zumindest gering geachteten Tatbestand, daß Kunst mit Politik zu tun hat, ob sie will oder nicht: »Sie hat mit Politik zu tun, weil sie an Öffentlichkeit sich wendet, auf Öffentlichkeit angewiesen ist, und weil man mit öffentlichem Leben nicht in Berührung kommen kann, ohne an den Faktor zu geraten, der es reguliert. Sie hat so notwendig und unumgänglich mit Politik zu tun, wie der Zugspassagier mit dem Eisenbahngeleise.«

Friedrich Torberg hat, wie gesagt, gute Ansichten.

Wir beenden mit dem vorliegenden Band unsere Herausgebertätigkeit. Seit 1981, zwei Jahre nach Torbergs Tod, haben wir, so gründlich und gewissenhaft als möglich, seinen literarischen Nachlaß gesichtet, geordnet, bearbeitet und ediert; zehn Bände sind in diesen zehn Jahren erschienen. Zur Auswahl standen zum einen – sofern sie nicht schon von

Torberg selbst in Buchform veröffentlicht worden waren – seine in verschiedenen Zeitungen, Zeitschriften und Sammelwerken publizierten Essays, Aufsätze, Kritiken und Glossen; sie boten uns reichlich Stoff, nämlich für drei Bände.

Voreingenommen wie ich bin, die jetzt als Schlußband von Torbergs Gesammelten Werken in Einzelausgaben vorgelegte Sammlung seiner literaturkritischen Schriften.

Apropos. Nachgelassenes – Kritisches – Bleibendes, 1981, enthaltend so prinzipielle Abhandlungen wie »Gibt es eine österreichische Literatur?«, »Das Unbehagen in der Gesinnung / Versuch über einige Mißverständnisse des heutigen Theaters« und »Bauz! Die Venus ist perdu . . . / Ein Querschnitt durch die moderne literarische Parodie«; enthaltend auch so tiefschürfende Aufsätze wie »Die Geschichte vom Manne, der den Sprachschatz hob« (über Alfred Polgar), oder »Die Deutschen – österreichisch gesehen / Einige unpathetische Überlegungen«, und den von Torberg auf sich selber verfaßten »Nachruf zu Lebzeiten«, darin er mit wehmütiger Ironie Rechenschaft ablegt über den sich durch sein Leben ziehenden künstlerischen Fünfspalt (war er doch Lyriker, Romancier, Parodist, Theaterkritiker und Feuilletonschreiber dazu).

Auch Nichtraucher müssen sterben. Essays, Feuilletons, Notizen, Glossen, 1985, mit wichtigen autobiographischen Beiträgen (»Torberg über Torberg«), kulturhistorischen Skizzen von Wien und Österreich sowie der im besten kritischen Sinne subjektiven Schilderung einer Deutschland-Fahrt im Jahre 1963.

Außerdem galt es, den Briefschreiber Torberg zu entdekken. »Es wird sich vermutlich zeigen«, schrieb Torberg in jenem »Nachruf zu Lebzeiten«, »daß gut die Hälfte alles jemals von ihm Niedergeschriebenen, und nicht das Schlechteste, aus Briefen bestand, für die er einen unverhältnismäßig großen Aufwand an Zeit und Sorgfalt bereithielt.«

Es zeigte sich tatsächlich. Torberg war ein großartiger, ein geistreicher, ein leidenschaftlicher Briefschreiber, und folglich hatte er, wie wir heute wissen, nicht bloß einen Fünf-, sondern sogar einen Sechsspalt zu bewältigen. Aus den vielen, vielen Korrespondenz-Mappen und -Ordnern stellten wir fünf Briefbände zusammen. Davon später mehr.

Und schließlich fanden wir in Torbergs Nachlaß zwei literarische Prunkstücke: Die Novelle *Der letzte Ritt des Jockeys Matteo,* entstanden im amerikanischen Exil, veröffentlicht 1985, erzählt die exemplarische Episode aus dem Leben des ehemals berühmten Jockeys Giuseppe Matteo, des ehemals gefeierten »fliegenden Italieners«, dessen glänzende Karriere nun, da er alt und sieglos geworden, endgültig zu Ende gegangen ist – der aber einmal, einmal noch zeigen will, sich und der Welt, wer er war. Allen Widerständen zum Trotz und entgegen aller sportlichen Logik reitet er einmal noch das Derby, und gewinnt. Allerdings um den Preis seines Lebens. Giuseppe Matteo hat das Ziel erreicht, dank seinem unbeugsamen Willen und seiner Bereitschaft, »sich bis in die letzte Konsequenz gerecht zu werden«.

Der Roman *Auch das war Wien,* erschienen 1984, ist Torbergs epischer Abgesang auf seine »Heim ins Reich« gekehrte Heimatstadt. Verfaßt von Mai 1938 bis Juni 1939 in Prag, Zürich und Paris, also größtenteils in der erzwungenen Emigration, schildert er auf so ergreifende wie beklemmende Weise, wie das Privatleben zweier Menschen von der Politik heimgesucht, bedroht, bedrängt und endlich gar zerstört wird. Die Liebesbeziehung zwischen dem jüdischen Schriftsteller Martin Hoffmann und der nichtjüdischen Schauspielerin Carola Hell gerät unter die rücksichtslosen Räder der Weltgeschichte: der Untergang Österreichs ist nicht mehr abzuwenden, sein Anschluß an das nationalsozialistische Deutschland nur noch eine Frage der Zeit. Und eben diese Endzeit, diese letzten Tage und Wochen Österreichs vor dem

13. März 1938, als der »Höllenreigen« losbricht, gestaltet Torberg so authentisch genau, so grandios packend, daß vor uns ein Gesamtbild entsteht von teils dokumentarischer Echtheit, teils kunstvoll verdichteter Wirklichkeit.

Kunst hat immer mit Politik zu tun, ob sie will oder nicht. Und das Leben wird, ob es will oder nicht, von der Politik bestimmt.

In den Märztagen 1938, als der Anschluß Österreichs an das Deutsche Reich vollzogen wird, hält sich Torberg glücklicherweise in Prag auf. Rasch reift sein Entschluß, in die Schweiz zu emigrieren. Am 20. Juni 1938 fliegt er von Prag nach Zürich; dort ist er einige Monate lang geduldet, doch im Frühjahr 1939 wollen die Schweizer Behörden seine Aufenthaltserlaubnis nicht mehr verlängern und drohen mit dem Landesverweis. Am 1. Juni 1939 reist Torberg von Zürich nach Paris. Bei Kriegsausbruch, im September 1939, meldet er sich freiwillig zum Militärdienst in der tschechoslowakischen Exilarmee; sieben Monate ist er in der südfranzösischen Stadt Agde stationiert. Im Mai 1940 wird er krankheitshalber dienstfrei gestellt und bekommt Genesungsurlaub, den er in Paris verbringen will. Am 12. Juni, zwei Tage vor der Besetzung der Stadt durch deutsche Truppen, gelingt es Torberg, gemeinsam mit Freunden in einem Automobil aus Paris zu entkommen. Nach einer abenteuerlich-gefährlichen Flucht durch Frankreich gelangt er schließlich mit knapper Not nach Spanien und von dort aus nach Portugal.

Es folgen mehr als drei Monate nervenzermürbenden Wartens auf die erforderlichen Ausreisepapiere: am 9. Oktober verläßt er schließlich an Bord der S. S. »Exeter« Lissabon, am 18. November landet er in New York. Sehr bald reist er nach Hollywood weiter, wo er von Warner Brothers für ein Jahr unter Vertrag genommen wird.

Nach Ablauf dieses Engagements bleibt Torberg, schwer

tragend an seinem Emigrantenschicksal und deprimiert von den unproduktiven, dürftigen Lebensumständen, noch bis zum Sommer 1944 in Kalifornien. Dann ist es ihm, dank dem finanziellen Erfolg mit seinem Drehbuch für den Film »Voice in the Wind«, endlich möglich, nach New York zu übersiedeln, wo er sich zwar besser fühlt, aber natürlich auch nicht glücklich.

Als ihm im Frühjahr 1951 die Gelegenheit geboten wird, nach Europa zu fahren, ergreift er sie; und als er im Zuge dieser Fahrt wieder nach Wien kommt, beschließt er hierzubleiben.

In diesen dreizehn Jahren der Heimatlosigkeit hat Friedrich Torberg sehr, sehr viele Briefe geschrieben; Briefe von außerordentlicher thematischer Vielfalt, intellektueller Schärfe, moralischer Kompromißlosigkeit und sprachlicher Brillanz; Briefe, die zweifellos zu den besten gehören, die er jemals verfaßt hat; Briefe, die Torbergs Leben in dieser Zeit von Flucht und Emigration anschaulich dokumentieren. Die fünf von uns herausgegebenen Briefbände belegen es.

Eine tolle, tolle Zeit (1989) versammelt, wie es im Untertitel heißt, *Briefe und Dokumente aus den Jahren der Flucht 1938–1941*; der Briefwechsel mit Alma Mahler-Werfel, *Liebste Freundin und Alma* (1987), stammt vornehmlich aus Torbergs Hollywooder Jahren; *Kaffeehaus war überall / Briefwechsel mit Käuzen und Originalen* (1982) umfaßt ausschließlich, *In diesem Sinne … / Briefe an Freunde und Zeitgenossen* (1981) zu einem beträchtlichen Teil Korrespondenzstücke aus der Emigrationszeit; und *Pegasus im Joch / Briefwechsel mit Verlegern und Redakteuren* (1983) enthält nebst etlichen anderen auch Torbergs Korrespondenz mit Gottfried Bermann Fischer aus den vierziger Jahren, welche ausführlich festhält, wie hartnäckig, selbstlos und erfolgreich Torberg tätig war, um die

Rechte an Franz Kafkas Werk für den Bermann-Fischer Verlag zu erwerben.

Friedrich Torbergs Briefe sind, wie sich zeigt, wertvolle zeitgeschichtliche und kulturhistorische Dokumente. Sie sind zudem, zusammen mit seinen anderen literarischen Werken, Zeugnisse seiner Lebens-Erfahrungen, -Ansichten und -Grundlagen, somit unentbehrlich für jede biographische Beschäftigung mit ihm. Drei der wichtigsten und gewichtigsten, immer wiederkehrenden, sozusagen leitmotivischen Torberg'schen Lebensthemen wollen wir hier erwähnen.

Die wehmütige Erinnerung an das unwiederbringlich vergangene, an das alte, habsburgische Österreich und sein jüdisches Bürgertum, die den »geistigen Raum eines Lebensstils« schufen, welchen Torberg in seiner Jugend noch kennengelernt hatte. Dieser Lebensstil vermochte der neuen Zeit, die vor allem Technik und Fortschritt im Sinn hat, nicht mehr gemäß zu sein. Torberg hing an seiner schönen Erinnerung, denn – wie er 1944 in einem Brief an Victor von Kahler schrieb –: »Was Sie meine ›österreichischen Gefühle‹ nennen, und wofür ich die Bezeichnung ›österreichische Sehnsucht‹ vorzöge – das habe ich und hege ich ja nicht *obwohl* sondern *weil* es vorbei ist, *weil* es sich da um eine *garantiert unerfüllbare* Sehnsucht handelt, um eine garantiert nie wieder realisierbare Konzeption.«

Torberg war zeit seines Lebens ein unerbittlicher, kompromißloser Gegner *jeder* totalitären Macht. Er ließ es – zum Unterschied von vielen anderen – nicht gelten, daß man gute Miene zur kommunistischen Diktatur machte, weil die doch gegen die faschistische ins Feld ziehe. »Man muß sich's«, schrieb er 1961 an Robert Neumann, »immer gleichzeitig mit *beiden* Spielarten der totalitären Pest verderben, sonst taugt die ganze Kämpfer-Attitude nichts.«

Und Torberg war seit seiner frühen Jugend ein selbstbewußter Jude. »Ich hatte«, so sagte er 1975 in einem Interview,

»niemals das geringste jüdische Minderwertigkeitsgefühl. Ich war völlig damit einverstanden, daß ich Jude bin.« Dieses Bewußtsein hat sein Leben wie sein Werk zutiefst geprägt.

»Ich *bin*«, schrieb er 1955 in einem Brief an Max Brod, »ein deutsch-jüdischer Schriftsteller, d. h. ein in deutscher Sprache schreibender Jude, ich habe von Anfang an gewußt, daß ich es bin, und dieses Wissen ist seither höchstens um die Wahrscheinlichkeit vermehrt worden, daß ich der letzte sein werde ... Wenn ich überhaupt noch eine jüdische Funktion habe, dann ausschließlich die, mein öffentliches Wirken so zu gestalten, daß möglichst viele Nichtjuden den Tod des letzten deutsch-jüdischen Schriftstellers als Verlust empfinden; ob trauernd oder aufatmend ist mir gleichgültig, sie sollen nur merken, daß etwas zu Ende gegangen ist, wofür sie keinen Ersatz haben ...«

David Axmann

Der Kritiker sei voreingenommen

(1971)

Die folgende Geschichte spielt 1932 im Café Herrenhof, dem letzten Wiener Literaten-Café, das diese Bezeichnung noch verdient hat. Um jene Zeit mußten die jungen Literaturadepten – und zu denen zählte ich damals – noch scharf aufpassen, daß sie nicht zu lange mit Hermann Broch am Tisch saßen, sonst ärgerte sich Robert Musil, oder daß sie nicht zu laut über ein Bonmot Alfred Polgars lachten, sonst ärgerte sich Anton Kuh. Und wer sich sonst noch ärgerte und über wen und über was, oder umgekehrt: eben darin beruhten Wesen und Atmosphäre der unwiederbringlich dahingegangenen Institution des Literaten-Cafés.

Held der Geschichte ist ein Buch: Robert Neumanns zweite Parodiensammlung »Unter falscher Flagge«, im Frühjahr 1932 erschienen und von der Kritik ebenso jubelnd begrüßt wie sein parodistischer Erstling »Mit fremden Federn«. Nur ein einziger prominenter Kritiker, Bernhard Diebold, jubelte nicht. Die »Fremden Federn« hatte er enthusiastisch gepriesen – an der »Falschen Flagge« ließ er kein gutes Haar.

Das Exemplar der »Frankfurter Zeitung« mit Diebolds Verriß ging von Tisch zu Tisch, von Hand zu Hand, von Kopfschütteln zu Kopfschütteln. Was war da los? Was veranlaßte den Frankfurter Literaturpapst zu seinem negativen Urteil, was steckte hinter seinem überraschenden Gesinnungswandel? Befand sich unter den parodierten Autoren vielleicht einer seiner Lieblinge, und nahm er Neumanns Schonungslosigkeit übel? Oder fehlte, im Gegenteil, ein von ihm nicht geschätzter Autor, den er gerne zerfleischt gesehen hätte? War er – die »Fremden Federn« lagen immerhin ein paar Jahre zurück – inzwischen alt und humorlos geworden? War er mit Neumann (der infolge Abwesenheit leider nicht befragt werden konnte) in persönliche Feindschaft geraten? Warum, in aller Welt, hatte er die »Falsche Flagge« verrissen?

Keine der in Vorschlag gebrachten Ursachen erwies sich als haltbar. Es blieb beim Kopfschütteln. Bis plötzlich in die allgemeine Ratlosigkeit eine zaghafte Stimme erklang: »Vielleicht hat ihm das Buch nicht gefallen?«

Was diese kleine Geschichte lehrt, wissen wir alle und wüßten es auch ohne sie. Aber es wäre zu überlegen, ob wir nicht falsche Schlüsse daraus ziehen.

Gewiß, wir sind außerstande, das Urteil eines Literaturkritikers unvoreingenommen zu betrachten, da wir auch ihn zu einer unvoreingenommenen Betrachtung des Buchs, dem sein Urteil gilt, außerstande glauben. Gewiß, wir suchen in den Gedanken, die er über das von ihm kritisierte Buch äußert, unweigerlich nach Hintergedanken. Aber wir tun das alles mit einem gewissen Recht, und zwar mit desto größerem, je größer die Achtung ist, die wir dem betreffenden Kritiker entgegenbringen. Wir nehmen seine Kritik nicht als solche, nicht als Ausdruck einer spontanen Meinung, sondern als Paraphrase eines vorgefaßten Standpunkts. Von diesem Standpunkt aus operiert er, und er tut das seinerseits mit Recht, mit desto größerem, je maßgeblicher der kritische Rang ist, den er sich auf Grund dieses Standpunkts erworben hat.

Es gibt keine unvoreingenommene Kritik, und es soll sie auch gar nicht geben. Wer ein heute erscheinendes Buch »unvoreingenommen« – also ohne Einbeziehung der Umstände, unter denen es entstanden ist und in die es hineinwirken wird, ohne Rücksicht auf die Motive und Intentionen des

Autors – zu beurteilen unternähme, eignet sich nicht zum Kritiker, wird dem ursprünglichen Wortsinn dieser Betätigung, nämlich »zu unterscheiden«, nicht gerecht, vermag keine Maßstäbe zu setzen.

Man muß, schon weil das niemandem außer ihm zustünde, nicht gleich so weit gehen wie Karl Kraus: »Um sagen zu können, ob ein Gedicht gut ist, muß ich erst wissen, von wem es ist.« Aber unter den Kriterien, nach denen sich der Kritiker zu richten hat, darf die Frage, ob ihm das Buch gefallen hat oder nicht, keineswegs alleinbestimmend sein. An solch unvoreingenommener, von jeglichen Erwägungen anderer Art unbeeinflußter Kritik kann man sich nicht orientieren.

Solch scheinbar objektive Kritik ist in Wahrheit durchaus subjektiv.

Ausschau und Rückschau

Das große Peter Altenberg-Buch
(1977)

Über Peter Altenberg, den Schöpfer der kürzesten Kurzprosa, die es in der deutschsprachigen Literatur überhaupt gibt, den Erfinder eines stilistischen Konzentrats, mit dem er oft in 2 bis 3 Zeilen (einschließlich Titel) mehr Inhalt und Substanz auszudrücken vermochte als andere auf ebensovielen Seiten – über diesen Meister des pointillistisch Hingetupften eine kompakte, breitangelegte Kritik zu schreiben, ist ungefähr so ... nun, ungefähr wie? Sagen wir: wie wenn ein Teller mit lauter winzigen, zahnstocherbewehrten Appetithäppchen als Hauptgang auf den Tisch käme.

Der Vergleich hinkt. Das tun Vergleiche immer. Sie müssen es tun. Dazu braucht man sie. Sonst könnte man das, was man sagen will, ja direkt sagen, ohne Umweg über den Vergleich, geradlinig, kunstlos.

Der hier gebrauchte hinkt sogar zusätzlich. Denn Peter Altenberg hätte niemals – und das »niemals« wäre in seiner ungebärdigen Kurrent-Handschrift mindestens zweimal unterstrichen – einen so vulgären, noch dazu unösterreichischen Ausdruck wie »Häppchen« verwendet. Er kannte ihn gar nicht. Er konnte ihn gar nicht kennen, weil es damals keine Häppchen gab. Das waren noch Zeiten.

Wir sind bereits mitten in der Nostalgie. Sie rollt immer weiter rückwärts, die Nostalgiewelle. Und wir sollten sie nicht länger als billigen Fluchtversuch aus den Abscheulichkeiten und Anfechtungen einer mißratenen Gegenwart abwerten, als kindische Sehnsucht nach einer irrtümlich mit »heiler Welt« gleichgesetzten Vergangenheit. Wir sollten ihrer sozusagen archäologischen Leistungen gewahr werden. Sie legt Werte frei, die andernfalls verschollen geblieben wären, von deren Existenz man vielleicht gar nichts mehr wußte.

Da hat es denn mit der Ausgrabung Peter Altenbergs zweifache Richtigkeit: weil er selbst einen solchen Wert darstellt und weil er selbst, zeit seines 1919 abgeschlossenen Dichterlebens, von Nostalgie durchtränkt war, Ausschau und Rückschau hielt nach Werten, von denen die anderen nichts wußten.

Die Intensität, mit der er sich an seine eigene Kindheit erinnert, an seine schöne Mama, an seine schönen Schwestern (alles war damals schön); der himmlisch begnadete Spürsinn, mit dem er in der Seelenlandschaft kleiner Mädchen die von Trauerweiden umstandenen Weiher der reinen Glückseligkeit aufdeckt; seine immer wache Aufnahmebereitschaft für die poetischen Blinklichter des Alltags, der ihm nie (zweimal unterstrichen) zur Alltäglichkeit wurde – das alles ist nostalgisch durch und durch, ist ein einziges, sehnsüchtiges Rückwärtsgleiten, auch wenn dann und wann ein Ausbruch heiligen Zorns dazwischenpoltert oder eine aggressive Selbstgefälligkeit.

Zwei kleine Beweisstücke, und es gibt ja bei ihm keine anderen als kleine:

Ein (englisch geführtes) Gespräch mit einem blutjungen Negermädchen, Angehörige eines im Wiener Prater zur Schau gestellten Aschantidorfs: »Was möchtest du am liebsten von der Welt, Tioko?!« – »Geschliffene grüne Glasperlen, Sir.« – »Und?!« – »Und geschliffene lila Glasperlen, Sir.« – »Und?!« – »Und nichts, Sir.«

Das Gespräch führt den Titel »Paradies«.

Ein Dialog mit dem zur Hälfte – und zwar zur ersten Hälfte – ironischen Titel »Die Gefallene und der Dichter«, bestehend aus zwei Sätzen:

»Geh, schau, du, komm mit mir! Beim Hirn kannst du dir's ja doch nicht herausschwitzen –?!«

Der Dichter: »Ich ja!!!«

Aber man müßte eigentlich alle (oder fast alle) der rund 250 lyrischen Prosajuwelen hierhersetzen, die in diesem Buch vereinigt sind und für deren Zusammenstellung dem Herausgeber Werner J. Schweiger höchstes Lob gebührt. Er ist 27 Jahre alt, gelernter Kellner und Autor eines Buchs über die Wiener Literatenkaffeehäuser. Peter Altenberg hat seinerzeit in »Kürschners Literaturkalender« als Wohnadresse »Café Central, Wien I., Herrengasse« angegeben. Oder wie es bei Christian Morgenstern heißt: »Und aber ründet sich ein Kranz.«

Außerdem verdanken wir Peter Altenberg die wahrscheinlich schlüssigste Definition menschlicher Borniertheit:

»Ich teile die Menschen ein in solche, die mich fragen: ›Herr Altenberg, warum tragen Sie eigentlich Holzsandalen?‹ und in solche, die mich das nicht fragen. Bis jetzt hat mich noch jeder gefragt.«

Ein persönliches Geständnis zum Schluß: Ich bin kein in der Wolle gefärbter Altenberg-Liebhaber. Ich hatte in den Jahren um 1930, als er noch »in« war, keine Beziehung zu ihm und habe das damals nur deshalb für mich behalten, weil ich's mir mit Karl Kraus nicht verderben wollte. Seine Eruptionen, die leisen wie die lauten, schienen mir von einer exaltierten Gewolltheit und viel zu preziös, viel zu anspruchsvoll für das, was dabei herauskam.

Nicht alles, was sich als kleine Prosa präsentiert, ist deshalb schon große Dichtung.

Heute weiß ich's besser. Selbst wenn seine Eruptionen nur gespielt waren – er hat sie so überzeugend und mit so fanatischem Einsatz gespielt, daß seine Pose nicht mehr von Echtheit und seine kleine Prosa nicht mehr von großer Dichtung zu unterscheiden ist. Als ich sie in dieser neu erschienenen

Sammlung wieder las, war sie mir vertraut wie etwas seit jeher Geliebtes.

Ähnlich könnte es auch denen ergehen, die ihn erst jetzt kennenlernen.

Das große Peter Altenberg-Buch. Herausgegeben und mit einem Nachwort versehen von Werner J. Schweiger. Paul Zsolnay Verlag, Wien/Hamburg, 1977.

Worauf ich gut und gerne verzichten könnte ...

Antwort auf eine Umfrage zum 70. Geburtstag Bertolt Brechts (1968)

Ich frage mich, warum ich überhaupt nach meiner Meinung über Bertolt Brecht gefragt werde.

Die habe ich nun schon so oft geäußert, daß es allmählich langweilig wird. Oder fragt man mich eben deshalb? Erwartet man von mir, da ich bekanntlich »gegen Brecht« bin, etwas Abfälliges über ihn zu hören? Nun, da hätte ich eine kleine Enttäuschung bei der Hand. Da kann ich mit einem Zitat aufwarten. Es entstammt einem Vortrag, mit dem ich im Jahre 1960 eine Brecht-Diskussion im Westdeutschen Rundfunk eingeleitet habe, und es besagt, daß ich Brecht »für einen sehr bedeutenden Dichter halte. Er ist vielleicht nicht so bedeutend, wie eine beflissene und ganz gewiß nicht von künstlerischen Erwägungen geleitete Meinungsmache ihn hinstellen will, aber er ist ganz gewiß bedeutend genug, um Anspruch auf unbedingte, allerbemühteste Ernst- und Wichtignahme zu haben.«

Das war mein Standpunkt vor acht Jahren, das war er übrigens auch schon vor achtzehn und vor achtundzwanzig Jahren, und das ist er noch heute. Eigentlich brauchte ich ihm nichts mehr hinzuzufügen.

Ich möchte weder auf die künstlerische Erscheinung Bertolt Brecht verzichten, der ich die unbeirrbare Freude an einer großen Anzahl wunderschöner Gedichte und an einer kleinen Anzahl sehr guter Theaterstücke zu danken habe; noch auf die geistige Erscheinung Bertolt Brecht, deren eigenwillig provokante Gedankengänge zu den wenigen wirklichen Anregungen gehören, die mir in der klischierten Ödnis des deutschen Geisteslebens zuteil geworden sind; und nicht einmal auf die politische Erscheinung Bertolt Brecht, an der sich die Unhaltbarkeit dogmatischer Gesinnungskrämpfe geradezu vorbildlich ablesen läßt und die immer deutlicher zu ihrem eigenen Dementi wird.

Worauf ich gut und gerne verzichten könnte, ist ein bestimmter Typus von Brecht-Anhängern, die diese reizvoll schillernde Erscheinung zu einem trostlosen Tabu erstarren lassen möchten, sind die dialektischen Taschenspieler, die eine ersprießliche Diskussion um Bertolt Brecht unmöglich machen, indem sie je nach Bedarf die künstlerischen Gegenargumente auf der politischen Ebene beantworten und umgekehrt. Ich bin nicht »gegen Brecht«. Ich bin gegen die Brechtokokken.

Die große Kluft

Wiedersehen mit einem seit jeher verschollenen Cocteau (1969)

Wenn man sie in späteren Jahren betritt, sind die Zimmer der Kindheit kleiner geworden und die Spielplätze enger. Sogar die Berge der Sommerfrische, die man in elterlicher Obhut aufsuchen mußte – denn aussuchen durfte man sich nichts –, sind niedriger als damals.

Wie aber ist es um die Bücher bestellt, die wir – dann schon um einiges älter – uns sehr wohl aussuchen durften? Halten sie stand, die einstmals geliebten? Die Geheimtips, auf die man eingeschworen, die Entdeckungen, auf die man stolz war? Die Marksteine im verwirrenden Ansturm jener Tage, da der Geschmack sich zu bilden begann, die Richtungsbojen in der literarischen Brandung, aus der man sich allmählich ans Ufer des eigenen Urteils durchgekämpft hat? Wie verhält sich's mit den verschollenen Lieblingsbüchern von ehedem? Wird man nicht besser tun, besser für sie und für sich, sie im Zustand der Verschollenheit zu belassen? Denn in der Regel, wir wissen es und haben es nicht nur an Kinderzimmern und Sommerfrischen erfahren, sondern, ach, an manch einem heiß umbuhlten Mädchen, an manch einem verehrten Altvorderen – in der Regel ergibt sich aus späteren Wiederbegegnungen nichts als Enttäuschung. Und was die Bücher betrifft, so wird man froh sein müssen, wenn sie nicht schlechter geworden sind.

Ich habe die Freude, von einem Buch zu berichten, das im Lauf der Zeit sogar besser geworden ist.

Es handelt sich um einen Roman von Jean Cocteau, um

einen sehr frühen Roman, einen früheren als die »Enfants Terribles«, die zwar vergessen sind, aber nicht verschollen; übrigens waren sie seinerzeit ein recht erfolgreiches Buch, auch im Deutschen. Hingegen hatte der Roman »Le Grand Ecart« weder im Original noch als »Die große Kluft« nennenswerten Erfolg. Er ist vergessen und verschollen.

Ja man könnte fast sagen, daß er's – zumindest im deutschen Sprachraum – von Anfang an war.

Damals in Wien besaß ich beide Ausgaben, und beide kamen mir – nebst allem, was ich sonst noch besaß – im März 1938, als die »Ostmark« vorübergehend ins Tausendjährige Reich heimkehrte, abhanden. Mit dem deutschen Exemplar, das ich jetzt besitze, hat es noch eine zusätzlich sentimentale Bewandtnis: Es ist eines von jenen, die ich als Zwanzigjähriger, des Enthusiasmus voll und beziehungsreich chiffrierter Widmungen beflissen, an Freunde und Freundinnen verschenkt hatte; und es fiel mir 1940, im Tohuwabohu meiner Flucht aus dem zusammengebrochenen Frankreich, durch einen fast schon abenteuerlichen Zufall wieder in die Hände. Es könnte sein, daß mir das Buch dadurch noch inniger ans Herz gewachsen ist.

Gleichviel, diese deutsche Ausgabe erschien 1924 in einem Verlag, der sich nach dem Namen seines Besitzers »Stein-Verlag« nannte und aus undurchsichtigen Gründen mit der im deutschen Verlagswesen nicht eben häufigen Ortsangabe »Lübeck-Wien-Leipzig« firmierte, tatsächlich aber in Wien ansässig war (wo das Buch auch gedruckt wurde). Überhaupt scheint sich das Unternehmen – eine kurzlebige Inflationsgründung, deren Spuren alsbald im Ramsch versickerten – nicht durch besondere Seriosität ausgezeichnet zu haben. Über Titel und Verlag des französischen Originals finden sich keinerlei Angaben, über die Rechtslage nur mangelhafte. »Übersetzung und Buchschmuck von Niko Karapancsa«, lautet ein weiterer Vermerk, dem es nicht an Seltsamkeit mangelt. Denn daß ein Übersetzer zugleich Bücher schmückt oder ein Buchschmücker übersetzt, ist gewiß keine alltägliche Kombination, so wenig wie der Name des Doppelbegabten, der am ehesten auf eine griechisch-ungarische Mischung hindeutet, also auf Düsteres. Die Übersetzung ist denn auch ganz miserabel (und wird in der Folge mit leichten Retouchen zitiert werden).

Indessen vermag sie, und das will etwas heißen, den Genuß der Lektüre kaum zu mindern, ja sie besitzt gerade in ihrer ungelenken Bemühung um wortgetreue Wiedergabe eine eigentümliche Überzeugungskraft, die zwar nichts von der Eleganz des Originals vermittelt, aber doch einiges von seinem Duft, von seiner arroganten Verspieltheit, von der grandiosen Willkür seiner Komposition.

Die Fabel ist rasch erzählt: Jacques Forestier, einziger Sprößling aus wohlhabendem südfranzösischen Haus, bereitet sich in Paris zu Baccalauréat und anschließendem Studium vor, wohnt mit ein paar gleichaltrigen jungen Leuten in einem Privat-Internat, lernt durch einen von ihnen, der bereits erfahren genug ist, um ein Verhältnis mit einer Revuetänzerin zu haben, deren Freundin kennen und beginnt mit ihr – mehr amüsiert als gestört durch den orientalischen Krösus, von dem sie ausgehalten wird – eine Liebesaffäre. Daß es tatsächlich eine Liebe und keine bloße Affäre ist, merkt er zu spät, merkt er erst, als Germaine ihm um eines jungen Engländers willen den Laufpaß gibt (die Laufpässe, die sie bei solchen Anlässen ihrem Orientalen auszustellen pflegt, werden immer wieder zurückgestellt). Nach einem im letzten Augenblick vereitelten Selbstmordversuch löst sich Jacques aus seinem bisherigen Kreis und tritt ins Leben.

Natürlich wäre diese Geschichte, obwohl und weil sie durchaus banal ist, bestens für einen »richtigen« Roman geeignet. Daß sie sich durch eben das, was ihr zum richtigen Roman fehlt, über einen richtigen Roman hinaushebt, war mir schon klar, als sie mich zum erstenmal begeisterte. Und nun erweist sich, daß sie um eben das, um eben diese Distanz von der epischen Gebrauchsform, im Lauf der Zeit besser geworden ist.

Der Roman »Die große Kluft« bestätigt beim Wiederlesen nicht bloß die Haltbarkeit seiner ursprünglichen Qualität (so was kommt vor, wenn auch selten) – es ist ihm vielmehr eine neue Dimension zugewachsen, und zwar eine erstaunlich moderne. Mit seinen raffiniert durchschlungenen Handlungsabläufen, seinen scheinbar selbstherrlichen, in Wahrheit jedoch höchst kunstvoll dazwischengeschachtelten Parabeln und Aphorismen, die stets auf die gerade angeleuchtete Bewußtseinsebene der Zentralfigur hinzielen, könnte dieser Roman als Vorläufer der »nouvelle vague« gelten; und jedenfalls ist er seiner Entstehungszeit weit vorausgelaufen, bisweilen sogar in die Richtung des absurden Theaters. So wird uns im Einleitungskapitel ein schon erwachsener Jacques Forestier vorgestellt, ein »gefühlloser und geistreicher Mann«, der imstande ist, »Reime von zwei verschiedenen Enden der Welt derart zusammenzubringen, daß es schien, als hätten sie sich seit je gereimt, und unter Reimen wollen wir verstanden wissen: alles, was Sie wollen«. Und am Schluß der Einleitung heißt es von ihm: »Zum Teil wird Jacques der Mann werden, den wir jetzt beschrieben haben, weil ihm das Folgende zustößt. Zum Teil jedoch wird er erleben, was wir nun schildern wollen, weil er der Mann ist, den wir soeben gezeigt haben.« Öffnet sich hier nicht der Weg, der Jahrzehnte später zu Adamov führen wird, zu Audiberti, zu Garcia Lorcas »Sobald fünf Jahre vergehen«?

Cocteau schreitet diesen Weg nicht aus. Kaum daß er ein paar verborgene Wegweiser aufpflanzt, nach denen der Leser sich richten mag oder nicht. Aber auch wer ihrer gar nicht gewahr wird, kommt überreichlich auf seine Kosten. Da gibt es brillant zugeschliffene Gleichnisse, wie das vom »Schlaf, der unseren Befehlen nicht gehorcht. Er ist ein blinder Fisch, der aus unermeßlichen Tiefen emporsteigt«; oder wenn von zwei Schwestern gesagt wird: »Sie glichen einander wie das Modell der Statue, das heißt, daß sie vollkommen gleich waren, außer in allem.« Da gibt es die reizvollsten Formulierungen für vermeintlich längst Durchschautes und Abgetanes: »Venedig bei Tag: ein luxuriöses Jahrmarktsgewimmel in tausend Teilchen. Venedig bei Nacht: eine verliebte Negerin, die, behängt mit billigem Tand, im Bad gestorben ist.« Oder das Fazit, wenn Jacques begriffen hat, daß und warum er an Germaine scheitern mußte: »Denn es lebt ein Geschlecht auf Erden, das Geschlecht derer, die sich nie umblicken, die nicht leiden, die nicht lieben, die nicht krank werden. Es ist ein Geschlecht aus Diamant. Und es zerschneidet das Geschlecht aus Glas.«

Zwischendurch wird, mit der linken Hand und in zwei Zeilen, der gespreizten Eitelkeit eins ausgewischt und zugleich der pompösen Bildungsprotzerei, die ihre Stützbedürftigkeit an wichtigtuerische Zitate klammert. Ort: ein Skating-Rink. Situation: Ein junger Geck auf Rollschuhen produziert sich vor seiner Dame. Zitat: »Wie sagt doch Verlaine von Lucien Létinois: ›Er lief bewunderungswürdig!‹«

Doch gibt es auch, über viele Seiten, eine so minuziös poetische Selbstmord-Darstellung, wie sie erst wieder in Huxleys Meskalin-Abenteuer ein Gegenstück gefunden hat: »... Nach einer Pause der Erschlaffung kamen die Kältezuckungen, die Schauer, die Krämpfe wieder. Jacques fühlte, wie seine Kräfte für diesen Kampf (gegen das tödliche Gift) immer mehr schwanden. Schweißquellen durchbrachen seinen Körper. Das Herz schlug nur wenig. Es schien um so weniger zu schlagen, als es soeben noch zuviel geschlagen hatte. Unter der Last des Todesengels kam er auf beide Schultern zu liegen...« Der Todesengel hat schon zuvor, bei seinem Auftreten, unheimliche Plastizität gewonnen: »Jacques empfand eine Last, die immer schwerer wurde: Kork, Marmor, Schneemassen. Es war der Todesengel, der sein Werk vollendete. Er wirft sich auf die Sterbenden, um sie erstarren zu lassen. Der Tod sendet ihn aus. Man könnte ihn mit jenen außerordentlichen Bevollmächtigten vergleichen, die an Stelle von Fürsten die Ehe eingehen. Auch sie tun es mit unbeirrbarer Gleichgültigkeit...«

Und dann gibt es die für mich betörendste Szene des ganzen Buchs, ungefähr um die Mitte: Jacques hat Germaine und ihre in jeder Hinsicht aus der Provinz stammende Mutter zu einer Spazierfahrt durch den Bois eingeladen. Germaine ist verlegen und ärgert sich, Madame fächelt sich, Jacques langweilt sich. Von sinnlosen Assoziationen angeregt, rezitiert er halblaut die zwei berühmten Wortspiel-Zeilen Victor Hugos, deren völliger Gleichklang verschiedene Inhalte birgt:

»Gall, amant de la reine, alla, tour magnanime,
Galament de l'arène à la Tour Magne à Nîmes.«

Was sich daraufhin abspielt; wie Germaine nicht kapiert und nicht kapieren will, worin der Witz der Sache besteht (»Das mußt du mir erklären. – Ich erkläre es dir ja. Statt daß diese zwei Verse sich am Ende reimen, reimen sie sich vom Anfang bis zum Ende. – Dann sind es also keine Verse, wenn es jedesmal dasselbe ist«); wie Jacques immer ungeduldiger, immer unduldsamer wird (»Du paßt nicht auf, kleine Germaine. – Danke sehr. Nenn mich gleich eine Gans! – Bitte sei nicht ausfällig. – Ausfällig? Ich pfeife auf deinen Victor Hugo. – Erstens ist es nicht *mein* Victor Hugo, und zweitens...«); wie die Explosion immer unvermeidlicher wird; und wie schließlich Madame mit dem trostreichen Mutterwort eingreift: »Seht, meine Kinder, all das hat diesen Herrn Gall nicht gehindert, der Geliebte der Königin zu sein« –: wahrlich, komischer und dennoch unbarmherziger ist der hoffnungslose Zusammenstoß zweier, nein, dreier Welten und die hoffnungslose Unterlegenheit der geistigen Welt noch nie geschildert worden. [...]

Ich weiß nicht, ob seit 1924 eine neue Ausgabe erschienen ist. Wenn ja, dann hoffentlich in einer anständigen Übersetzung. Wenn nicht, dann mache ich mich hiemit zu einer solchen erbötig.

Der letzte geistige Mentor

Erinnerung an Ludwig von Ficker
(1975)

Er wurde 1880 in München geboren, aber er kam schon als sehr junger Mensch nach Innsbruck; er hat bis zu seinem Tod, bis zum Jahr 1967 in Innsbruck gelebt und gewirkt; er liegt auf dem Bergfriedhof von Innsbruck-Mühlau begraben (neben seinem Freund und Schützling Georg Trakl); das »Brenner«-Archiv, so benannt nach der jahrzehntelang von ihm herausgegebenen Zeitschrift, befindet sich in der Obhut der Innsbrucker Universität – es hielte schwer, sich an Ludwig von Ficker zu erinnern, ohne gleichzeitig an Innsbruck zu denken.

Mir zumindest ergeht es so, und immer auf eine sonderbar detaillierte Art. Das heißt, daß den Gedanken an Ludwig von Ficker bestimmte Details des Innsbrucker Stadtbilds sich beigesellen. Innsbruck, zum Unterschied etwa von Salzburgs unvergleichlichem Panorama, ist nämlich im einzelnen schöner als im ganzen. Von den Häuserfassaden der Altstadt – und nicht nur ums »Goldene Dachl« herum, auch am jenseitigen Flußufer – lockt fast eine jede zum Stehenbleiben und Staunen. Und wenn ich beim Bummeln über die Maria-Theresien-Straße plötzlich aufblicke und die hohen Berge vor mir emporragen sehe, so dicht vor mir, als wüchsen sie aus dem Pflaster hervor, dann setzt mir jedesmal in wohligem Schrekken der Herzschlag aus. Vielleicht ist damit jener Unterschied erfaßt: Salzburg greift mir an die Sinne, Innsbruck greift mir ans Herz.

Auch die Vorstellung, daß diese doch eigentlich kleine Stadt einmal die Residenz eines habsburgischen Kaisers war und daß ihr mittelalterlicher Kern damals nicht viel anders ausgesehen hat als heute, birgt etwas Herzergreifendes, beinahe Rührendes, ich wüßte es nicht genauer zu sagen und lasse es mit der Ungenauigkeit gut sein.

Denn der Zauber, der einer Stadt eignet, würde unterm Versuch einer präzisen Definition ohnehin nur zerstieben. Es ist ein persönlicher Zauber ganz und gar, persönlich in beiderlei Richtung, von der Stadt zum Bezauberten hin, und wieder zurück.

Wäre es allzu gewagt, wenn ich meine Beziehung zu Ludwig von Ficker einem ähnlichen Blickpunkt unterstelle? Er hat großen Zauber ausgestrahlt (wirklich gestrahlt, aus blauen, unglaublich jungenhaften Augen), es war eine große Beglückung, mit ihm in Kontakt oder vollends in seiner Nähe zu sein, und ich bin nach meiner Rückkehr aus der Emigration oft genug (nein, immer noch viel zu selten) eigens nach Innsbruck gepilgert, um dieser Beglückung – sie wurzelte schon in der Gemeinsamkeit um Karl Kraus – teilhaft zu werden.

Wolfgang Pfaundler, Meisterphotograph und Gestalter der Tiroler Vierteljahreszeitschrift »Das Fenster«, pflegte sich unserer Zusammenkünfte anzunehmen, auch Paul Flora, der geniale Zeichner und hingebungsvolle Betreuer des alten Herrn (der sich von ihm so gerne im Auto spazierenfahren ließ), war fast immer dabei, manchmal noch der oder jener andere – die Abende, die ich in diesem Kreis verbringen durfte, sind mir unverlierbar im Gedächtnis. Und lebendig wie eh und je steht die einmalige Erscheinung Ludwig von Fickers vor mir.

Was war denn nun das Einmalige an ihm, das Unverwechselbare, das eigentlich Bedeutende? Ich muß bekennen, daß ich noch nie darüber nachgedacht habe. Erst jetzt, da ich vor der mutmaßlichen Nötigung stehe, eine weitverzweigte Leserschaft zunächst einmal über Ludwig von Ficker zu informieren, lege ich mir diese Frage vor – und finde mich der gleichen Verlegenheit ausgesetzt wie beim Definitionsversuch des vorhin vermerkten Zaubers.

Fickers Einmaligkeit und Bedeutung war mir so selbstverständlich, daß es vielleicht eben darum nützlich sein mag – nicht bloß für den Informationsbedürftigen, auch für den Bewunderer –, sein Werk und sein Wirken in nüchternen Angaben zu umreißen.

Ludwig von Ficker hat von 1910 bis 1954 eine Zeitschrift herausgegeben, die »Der Brenner« hieß und die sich ebensowenig in eine bestimmte Kategorie einordnen läßt wie er selbst. Sie erschien bis zum Ausbruch des Ersten Weltkriegs halbmonatlich, später in immer längeren Intervallen, die sich »nach Maßgabe des inneren Fälligwerdens« richteten und deren längstes von den zwölf Jahren des als tausendjährig geplanten Reichs erzwungen wurde; zum Schluß, von 1946 bis 1954, gab es nur noch Jahrbücher. In seinen Anfangszeiten wäre der »Brenner« wohl am ehesten als Literaturzeitschrift zu bezeichnen gewesen, mit einer deutlichen Hinneigung zum Expressionismus: Zu seinen regelmäßigen Mitarbeitern gehörten Theodor Däubler und Albert Ehrenstein, Klabund und Else Lasker-Schüler und – von 1912 an in jedem Heft – Georg Trakl, dem Ludwig von Ficker besonders nahestand, näher als irgend jemand sonst.

Indessen weitete sich der Wirkungsbereich der Zeitschrift über die rein literarische Geltung, die ihrerseits noch durch Beiträge Rainer Maria Rilkes und Hermann Brochs erweitert wurde, alsbald ins Geistesgeschichtliche und Religionsphilosophische aus: Theodor Haecker und Carl Dallago (ein Mitarbeiter der ersten Stunde), Ferdinand Ebner und Gertrud von le Fort mögen hier genannt sein, nicht unbedingt in einem Atem und ganz gewiß nicht unter einen Hut zu bringen – aber das war ja auch niemals des »Brenners« Sinn und Absicht.

Ihm und seinem Herausgeber ist es immer darum gegangen, Wechselbezügliches in der Vielfalt aufzuspüren, nicht an a priori Verbindendes sich zu halten.

Folgerichtig umschlossen Ludwig von Fickers persönliche und sachliche Kontakte so divergente Erscheinungen wie Hermann Hesse und Ludwig Wittgenstein (der im »Brenner« seinen »Tractatus logico-philosophicus« veröffentlichen wollte), wie Theodor Adorno und – in weitaus vorderster Linie – Karl Kraus, dem er sich innigst verbunden fühlte und den er schon frühzeitig als das kulturpolitische Gewissen einer gewissenlosen Epoche erkannt hatte, als den Sprachmoralisten und Mahner zum Streit (einer Art von Streit, die ihm selbst nicht gemäß war). Mit der 1913 erschienenen »Umfrage des ›Brenner‹ über Karl Kraus« liegt mehr als ein Dokument dieser Verbundenheit vor. Es ist eine Würdigung des Phänomens Karl Kraus, wie sie sich vollgültig erst lang nach seinem Tod durchgesetzt hat.

Wer auf Grund der vorstehenden Angaben (wofern er ihrer bedurft hat) in Ludwig von Ficker hauptsächlich einen Förderer und Wegbereiter sähe, einen Dirigenten geistiger Strömungen, die ordnende Hand im Gewirr kreativer Vorgänge und Abläufe, den idealen Redakteur sozusagen, ideal schon durch seinen Verzicht auf die eigene Mit-Schöpfung – wer diesen Schluß zöge, hätte so unrecht nicht. Ludwig von Ficker ist nur selten als Autor hervorgetreten. Natürlich besaß es größtes Gewicht, wenn er das einmal tat, und die Polemik etwa, mit der er einen zweitrangigen Literaten, der sich an Georg Trakl vergriffen hatte, im »Brenner« zurechtwies, war von so vernichtender Noblesse, daß man jenem am Ende dankbar sein mußte für die Bewirkung solch eines Meisterwerks.

Aber die »Denkzettel und Danksagungen« (der Band, in dem die zu Fickers Lebzeiten erfolgten Veröffentlichungen gesammelt sind) werden, aller Voraussicht nach, an Wichtigkeit und Inhaltsfülle hinter den noch zu publizierenden Briefen zurückstehen.

Nun ist mit alledem vielleicht der Charakter Ludwig von Fickers umrissen, das Format seiner Aufgeschlossenheit, die Reichweite seines Wirkens – nicht aber, noch immer nicht, die Faszination, die von seiner Persönlichkeit ausging, von dieser wundersamen Mischung aus Demut und Souveränität, aus Verständnis und Forderung, aus gütiger Nachsicht und unerbittlichem Bestehen auf dem äußersten Einsatz aller verfügbaren Redlichkeit.

So und nicht anders – immer wieder summierte sich's zu diesem Eindruck – müßte die Menschheit beschaffen sein, um ihrem Auftrag gerecht zu werden. Karl Kraus hat das in einem Brief, den er nach einem Besuch in Innsbruck-Mühlau an Ludwig von Ficker schrieb, aufs schönste zu formulieren gewußt:

»Lieber Herr von Ficker«, schrieb er, »wenn ich – statt sie ›nur zu zerstören‹ – mich auf allgemeines Verlangen entschlösse, die Welt ›auch aufzubauen‹, so brauchte ich einen Plan. Und den nähme ich von der Erinnerung an den einen Tag in Mühlau.«

Und weil Zitate, zumal in Notfällen wie dem hier gegebenen, zu größerer Aufschlußkraft gedeihen als die verzweifelte Bemühung, das Wesentliche eines außerordentlichen Wesens zu erfassen, soll nun Ludwig von Ficker selbst zu Wort kommen, mit einem Brief aus der Nazizeit (in der er sein Brot als Korrektor in einer Druckerei verdiente), mit der entscheidenden Stelle dieses Briefs:

»... ich und die anderen, nach denen Sie fragen. Ja, wir leben noch, wir Verstummten, wir leben noch, seltsamerweise... Es könnte sogar sein, daß wir, soweit uns die Vorsehung grün ist, noch für etwas aufgespart sind... Wir befinden uns, wie es scheint, in der dubiosen Lage des Samenkorns, das in die Erde fiel und sterben muß, um

Früchte zu tragen. Eine Geduldprobe – weiter nichts. Die Saat wird aufgehen.«

Es kommt nicht von ungefähr, wie er von der Vorsehung spricht. Er hatte zu ihr ein völlig undogmatisches, unpathetisches, ein fast schon heiteres Verhältnis. Und daß ich in der wahrhaft glücklichen Lage bin, einen weiteren Beweis dafür beibringen zu können, darf hoffentlich als Rechtfertigung gelten, wenn ich jetzt aus einem der Briefe zitiere, die ich von ihm empfangen habe. Der Anlaß liegt ungefähr siebzehn Jahre zurück, ich hatte dem Verehrten einen damals erschienenen Auswahlband meiner Gedichte zugeschickt, und nach ein paar beschämenden Worten der Anerkennung wandte er sich – wie um meiner Beschämung entgegenzuwirken und somit noch beschämender – einem Passus meiner Dedikationszeilen zu: »Fast komme ich mir armselig vor, wenn ich an die ›unerreichbaren Vorbildlichkeiten‹ glauben soll, die Sie mir gütigerweise zuerkennen, armselig und beschämt. Aber lassen wir's gut sein! Die Vorsehung wird schon wissen, warum sie uns das antut.«

Walter Methlagl, der Betreuer des »Brenner«-Archivs, hat in einem von imposanter Sachkenntnis zeugenden Vortrag eine verblüffende, tiefgreifende Doppeldeutigkeit aus dem Boden der Sprache heraufgeholt, indem er von Ludwig von Fickers »Geistesgegenwart« sprach. Sie gilt heute wie damals. Man glaubte in seiner Gegenwart tatsächlich etwas von seinem Geist abzubekommen, man sah mit beseligtem Staunen eine mitten im Zeitablauf stehende, alles eher als weltabgewandte Weisheit in Funktion, man hatte – weil's eben keine abstrakte Weisheit war, sondern die denkbar menschlichste – lauteren Teil an ihr, man fühlte sich geläutert und gestärkt und beinahe gesegnet, ich finde kein anderes Wort und will gar keines finden; ich gebrauche es mit der gleichen Absicht, die mich eingangs sagen ließ, daß ich zu Ludwig von Ficker nach Innsbruck »gepilgert« kam.

Er war ziemlich genau das, was ich mir in dieser unserer unheiligen Zeit unter einem Heiligen vorstelle. Er war die letzte moralische Instanz in einer selbstgefällig verrottenden Welt, die für Begriffe wie »Moral« und »Instanz« kein Organ mehr hat, geschweige denn Respekt. Er war, nach Martin Bubers Tod, der letzte geistige Mentor, zu dem ich noch aufblicken konnte. Ich werde ihn nie aus den Augen verlieren.

Vater Freud und Meister Arnold

Zum Briefwechsel Sigmund Freuds
mit Arnold Zweig
(1969)

»Wenn Herr von Hofmannsthal eine Korrespondenz beginnt, artet sie alsbald in einen Briefwechsel aus«, schrieb um die Jahrhundertwende der damals sehr junge Karl Kraus, und die sechs oder sieben Bände Hofmannsthal'scher Briefwechsel, die uns bis jetzt vorliegen, haben dem satirischen Mißtrauen gegen diese besondere Art literarischer Mitteilung einigen Nährstoff zugeführt, ja sogar einiges Recht gegeben.

»Literarische« Mitteilung? In der Tat: ein Privatbrief verwandelt sich, sowie er der Publikation anheimfällt, in Literatur, und sein Schreiber muß – da in den Bezirken des Ruhms der Anheimfall längst zum Normalfall geworden ist – durchaus darauf gefaßt sein, daß ihm solches geschehe. Noch mehr: er muß es in Rechnung ziehen. Und meistens zieht er.

Das Belobigungsklischee, das die Literaturkritik solch publizierten Briefwechseln gern verabfolgt – es werde hier »nicht auf die Nachwelt Bedacht genommen« oder »nicht nach Veröffentlichung geschielt« oder dergleichen –, kehrt bei näherem Zusehen eine fatale Zweischneidigkeit hervor. Entweder ist es kein Lob, oder es ist nicht angebracht. Fast könnte man sagen: ein Lob ist es nur dort, wo es nicht angebracht ist, also wo es sich auf Briefe bezieht, deren Veröffentlichung besser unterblieben wäre und als rüder Einbruch in eine Intimsphäre anzusehen ist. Denn selbst für den literaturbewußtesten Briefschreiber, der die *déformation professionelle* so weit getrieben hat, daß er anders als unter literarischem Gesichtspunkt und Maßstab gar nicht mehr schreiben kann, nicht einmal Briefe – selbst für ihn gibt es schriftliche Bekundungen, an die er keine kritische Sonde ansetzt und deren Um und Auf in der privaten Wertung besteht. Der öffentlichen Auswertung sollte man sie entziehen.

Um bei einem der vorliegenden Fälle (wenn auch nicht im vorliegenden Rahmen) zu bleiben, nämlich bei Sigmund Freud und seinen schon früh erschienenen »Briefen 1873 bis 1939«: wem wäre damit gedient und wer will überhaupt wissen, daß Freud seine Braut und nachmalige Gattin mit »Mein Herzensmädchen« oder »Mein süßer Schatz« angeredet hat? Ein halbwegs feinnerviger Leser wird sich da unweigerlich in die Rolle eines Voyeurs versetzt fühlen; und gar so wichtig sind die Aufschlüsse nicht, die man aus derlei Einblicken ins Allerprivateste gewinnen mag.

Der Briefwechsel zwischen Sigmund Freud und Arnold Zweig ist von Indiskretionen dieser und ähnlicher Art fast völlig frei. Aber das würde ihm noch keine öffentliche Verdienstlichkeit sichern und noch kein allgemeines Interesse, sondern vorerst nur das Interesse derer, die sich mit Sigmund Freud und mit Arnold Zweig eingehend beschäftigen wollen, also ein vorerst nur fachliches Interesse. Das allgemeine, und damit die Verdienstlichkeit dieser Publikation, beruht auf ihrem zeitgeschichtlichen Gehalt. Denn die Jahre von 1927, als Zweig mit der Bitte, seinen »Caliban« dem Schöpfer der Psychoanalyse widmen zu dürfen, den Briefwechsel einleitet, bis zum Todesjahr Freuds im Londoner Exil 1939 – diese zwölf Jahre sind voll von historischen Ereignissen und Erschütterungen. Sie umfassen den nationalsozialistischen Machtanstieg in Deutschland und die Emigration Arnold Zweigs, sie umfassen die blutigen innerpolitischen Fehden in Österreich, die zur Errichtung des Ständestaates führten, und sie umfassen den gewaltsamen Anschluß an Deutschland, der auch den greisen, todkranken Sigmund Freud zur Flucht nötigte.

Es ist nicht nur ungemein fesselnd, wie diese Katastrophen sich in den Briefen der beiden Betroffenen widerspiegeln, es ist zugleich unheimlich und bewundernswert, wieviel Raum und Sorgfalt sie trotz allem für geistige und schöpferische Probleme übrig haben, für Analyse im weitesten Sinn, für Auseinandersetzung und Meinungsaustausch.

Freud, um es rundheraus zu sagen, kommt in der Diskussion entschieden besser weg. Daß Weisheit und Gelassenheit auf seiner Seite sind, ließe sich noch seinem beträchtlich höheren Alter zuschreiben (»Vater Freud« nennt ihn ab 1932 sein Korrespondenzpartner und wird seinerseits mit der schmeichelhaften Anrede »Meister Arnold« bedacht). Doch bekundet Freud, und das liegt nicht nur am Alter, auch die reifere politische Einsicht; sie geht aus den Argumenten, die er gegen ein von Zweig propagiertes sowjetfreundliches Manifest vorbringt, ebenso deutlich hervor wie aus den praktischen Fingerzeigen, mit denen er in die Verwirrungen des unsicher gewordenen Emigranten eingreift (der manche politische Entwicklung gründlich mißdeutet und beispielsweise für Deutschland nach dem Sturz des Hitler-Regimes eine »liberal getünchte Monarchie« kommen sieht).

Sogar in literarischer Hinsicht vermag sich Freud nicht selten mit dem schärferen Blick und dem besseren Geschmack auszuweisen. Seine Charakterisierung Shaws als eines »Hanswurst, dem der Spaß über alles geht« und der »den Cäsar eine steinerne Sphinx anschwärmen läßt, als wäre er ein Cookscher Tourist«, seine Ratschläge und Einwände, wenn Zweig ihm über Arbeitspläne berichtet oder ihm deren Ergebnisse vorlegt, bewegen sich fachlich wie formal auf hoher Ebene. Auch bei Zweig fallen Äußerungen von beachtlicher literarischer Prägnanz. Aber man würde seine Geringschätzung etwa Emil Ludwigs oder Stefan Zweigs bedeutend williger hinnehmen, wenn er nicht gleichzeitig Lion Feuchtwanger für einen großen Dichter hielte. (Daß er von »Erzeugnissen« Arthur Schnitzlers spricht, war hoffentlich ein Flüchtigkeitsfehler; sonst wäre es gerade Freud gegenüber auch noch eine Taktlosigkeit.)

Und vollends, wenn die beiden ihr Jüdisches aufs Tapet bringen: Um wieviel klarer geht's da bei Freud zu, um wieviel nobler und sicherer ist er da mit sich im reinen als Zweig, dessen zeitweilige demonstrative »zionistische« Gesinnung nur allzu geschwind ihre Brüchigkeit erweist (und der Bruch hat bis in seine letzte, endgültige Lebensentscheidung schmerzhaft fortgewirkt). Freud, der sich mit Vorliebe als »alten Juden« bezeichnet, weiß um die Fragwürdigkeit jüdischen Deutsch-Sein-Wollens ruhig Bescheid: »So eine Schwärmerei taugt nicht für unsereinen.« Und wann immer er in pompöse Wichtignahme zu geraten fürchtet, fährt er flugs mit einer jüdischen Anekdote oder einem jiddischen Jargonwort dazwischen (eine Tendenz, die übrigens auch in den Briefen Hermann Brochs aus gleichem Antrieb zutage tritt).

Zweig, der sich 1931 in extremer Bekennerschaft auf seine »jüdische Mittelmeerkomponente« beruft, verfällt pünktlich ins andere Extrem, sobald er 1934 am Mittelmeer mit der palästinensischen Wirklichkeit in Berührung kommt, »macht sich nichts mehr« aus dem (von ihm in Anführungszeichen gesetzten) »Land der Väter«, definiert sich im Zusammenhang mit der (irrigen) Feststellung, daß »der Nationalismus der Hebräer keine andere Sprache zum Druck zuläßt«, als »deutscher Schriftsteller und deutscher Europäer« – und gelangt zu all diesen Erkenntnissen im gleichen Briefkomplex, in dem er sich über die geringe Resonanz seines Romans »De Vriendt kehrt heim« und über das mangelhafte Funktionieren seiner Zentralheizung in Haifa beschwert. Es muß den Vater Freud arg gejuckt haben, diesen Komplex einer psychoanalytischen Behandlung zu unterziehen. Aber er hat sich's verkniffen.

Überhaupt kommt Freud nur selten und immer nur gedrungenermaßen auf die Psychoanalyse zu sprechen, viel seltener als Zweig, der sich ja entscheidend von ihr beeinflußt fühlt, auch viel seltener, als Zweig auf sein eigenes Werk zu sprechen kommt, und selbstverständlich mit viel größerer, bisweilen fast ironischer Distanz; indessen Zweig glatt imstande ist, sich selbst einen »faszinierenden Entwurf« zu attestieren und einen Satz zu schreiben wie: »Erst später werde ich einmal in großer Gestaltung an der Entwicklung und Heilung zweier Neurosen den Abriß der menschlichen oder zumindest der westlichen Kulturentwicklung geben.« Demgegenüber Freud: »Oh, das Leben könnte sehr interessant sein, wenn man nur mehr davon wüßte und verstünde.«

Aber man täte dem Autor des unsterblichen »Sergeanten Grischa«, man täte dem vom Übelstand der Welt leidenschaftlich aufgerührten und an seine Arbeit leidenschaftlich hingegebenen Arnold Zweig unrecht, sähe man ihn nur im Kontrast zur Selbstbescheidung und Selbstsicherheit, zum souveränen Humor und zur geistigen Noblesse seines in so vieler Hinsicht überlegenen Korrespondenzpartners – der sich ja wohl auch anderen Partnern überlegen gezeigt hätte und mit dem viele Jahre lang korrespondiert zu haben schon an sich die Statur des Dichters Arnold Zweig bezeugt. Freud hätte solches Zeugnis keinem Unwürdigen ausgestellt. Und was ihn zur Ausstellung bewog, war gewiß nicht in erster Linie der verehrungsvolle Respekt des Jüngeren, sondern das sichere Gefühl, daß hier einer spricht, der etwas zu sagen hat und mit dem zu sprechen sich lohnt. Es wurde ein schönes und ergiebiges Gespräch. Freuen wir uns, daß seine Protokolle nicht untergegangen sind und daß wir an ihnen teilhaben dürfen.

Sigmund Freud – Arnold Zweig: Briefwechsel. Herausgegeben von Ernst L. Freud, S. Fischer Verlag, Frankfurt a. M. 1968.

Der Himmel verbiete das!

Die Juden – gesehen aus amerikanischer Perspektive (1973)

Dies ist ein rätselhaftes Buch. Erstes Rätsel: Was mag den angesehenen Verlag Hoffmann und Campe bewogen haben, es überhaupt in deutscher Sprache – vorsichtiger ausgedrückt: in einer um deutsche Sprache bemühten Übersetzung – herauszubringen?

Der Erfolg des amerikanischen Originals war nicht so groß, daß er sich für eine Wiederholung im Deutschen empfohlen hätte.

Zweites Rätsel: Wer ist der Autor? Die Verlagsankündigung präsentiert ihn als »Soziologen«, »praktizierenden Psychoanalytiker« und »Autor zahlreicher Artikel in wissenschaftlichen Zeitschriften«. In unseren Breiten konnte man ihn vor kurzem als Teilnehmer einer Diskussion über erotische Belange in der wissenschaftlichen Zeitschrift »Playboy« kennenlernen. Weder diese Qualifikation noch seine beiden anderen prädestinieren ihn zur Behandlung des vorgegebenen Themas.

Denn, und damit sind wir beim dritten Rätsel: Wenn man die Juden für ein rätselhaftes Volk hält, was man getrost tun kann, dann wird man um den eschatologischen oder zumindest metaphysischen Ur- und Untergrund, in dem das Rätsel ihrer Existenz wurzelt, nicht herumkommen. Man wäre denn ein Soziologe oder Psychoanalytiker. Dann kommt man herum.

So auch Ernest van den Haag. Aber vielleicht geht der fragwürdige Titel »Die Juden, das rätselhafte Volk« gar nicht auf ihn zurück, sondern auf die vielfach auch sonst fragwürdige Übersetzung? Da fällt einem die Wahl schwer. Der Originaltitel lautet »The Jewish Mystique«, und ich bin trotz ausreichender Kenntnis des Amerikanischen keineswegs sicher, ob das nun »Mystik« oder »Mysterium« bedeuten soll. Jenes möchte ich im Interesse der Nervenruhe meines verehrten Freundes Gershom Scholem nicht hoffen, dieses wäre eine allzu pompöse Falschmeldung.

Bleiben wir also bei der Rätselhaftigkeit der Juden.

Oder vorerst noch bei der Fragwürdigkeit der Übersetzung, die uns nämlich wahre Perlen zu bieten hat. »Einige Gemeindemitglieder erlitten große Entstellungen ihres Charakters«, heißt es an einer besonders entstellten Stelle, und an einer anderen: »Unbeschnitten wäre das Kind für immer vom auserwählten Volk abgeschnitten«, was ein höchst verwirrendes Bild ergibt (ist es doch eher das beschnittene Kind, dem für immer etwas abgeschnitten wird).

Gelegentlich bekommt es van den Haag auch mit dem Humor zu tun und die Übersetzung mit zusätzlichen Schwierigkeiten. »Der Himmel verbiete das! werden einige Juden ausrufen.« Nein, das werden sie nicht. Vielleicht auf englisch (»Heaven forbid!«). Auf deutsch heißt das, was einige Juden – darunter ich selbst – zum Beispiel angesichts dieses Buches ausrufen werden: »Gott behüte!«

Zu spät. Das Buch liegt vor, ist auf eine leicht faßliche, allgemein verständliche, mit freiem Aug' von Oberflächlichkeit kaum zu unterscheidende Art geschrieben und bekundet seine amerikanische Herkunft auch dadurch, daß sowohl seine gesellschaftlichen wie seine psycho- und ethnologischen Befunde sich fast ausschließlich auf die in den Vereinigten Staaten herrschenden Verhältnisse beziehen. Wer mit der Problematik der farbigen Minderheiten Amerikas, mit dem Begriff »Suburbia« (den Randsiedlungen amerikanischer Millionenstädte), mit der sozialen Struktur früherer und jetziger

Einwanderungsgruppen nicht vertraut ist, wird weiten Teilen des Buches verständnislos gegenüberstehen, und das ist schade.

Denn gerade in diesen Zusammenhängen gelangt van den Haag zu einer Reihe interessanter Aufschlüsse und richtiger Informationen. Sie sind um so richtiger, je weniger sie mit den Juden oder gar mit deren Rätselhaftigkeit zu tun haben: das Auto als »einschneidendes Erlebnis«; der vom Gelderwerb absorbierte Vater, der sich aus dem Büro noch Arbeit mit nach Hause nimmt; der solcherart entstehende Generationskonflikt; die Hippie-Kultur und dergleichen mehr.

Daß es sich bei alledem nicht just um Neuigkeiten handelt, mag ebenso hingehen wie die kleinen Entgleisungen, die dem Autor auf intern-jüdischem Gebiet unterlaufen, etwa wenn er »Schiwah« (was wörtlich »sieben« heißt und die siebentägige Trauerfrist nach einem Todesfall bezeichnet) »sagen« läßt oder wenn er die im I. Buch Moses enthaltene Aufforderung »Seid fruchtbar und mehret euch« dem Talmud zuschreibt.

Schlimmer sind die Wiederholungen und Widersprüche, von denen das Buch nur so wimmelt. Noch ganz am Schluß, auf Seite 258, ereilt uns die Prophezeiung: »Falls sich die gegenwärtige Entwicklung nicht umkehrt, werden sich die Juden in den USA völlig assimilieren. Es wird daher keine Juden mehr geben.« Und auf Seite 259 erfolgt das Resümee: »Wer könnte es sich daher anmaßen, das künftige Schicksal der Juden vorauszusagen?«

Am schlimmsten aber sind die beharrlichen Versuche van den Haags, seine Widersprüche, ja seine Konklusionen überhaupt, durch sofortige Flucht in die Unverbindlichkeit zu neutralisieren. Kaum hat er sich zu einer annähernd eindeutigen Aussage durchgerungen, folgt prompt ein Nachsatz wie: »Das stimmt jedoch nur teilweise«, »Doch trifft dies natürlich auch auf andere Gruppen zu«, »Wir können also sagen, daß nicht alle Juden einen jüdischen Charakter haben und nicht alle Nichtjuden keinen jüdischen Charakter besitzen«, und schließlich: »Alles in allem könnte man sagen, daß die Juden beide Tendenzen in sich vereinen.« Das könnte man in der Tat, gleichgültig, um welche Tendenzen es sich handelt. »Einerseits – anderseits« stimmt immer.

Es ist eine unantastbare Binsenweisheit – und wahrlich nicht die einzige, mit der dieses Buch aufwartet –, daß jedes Ding zwei Seiten hat. Aber muß man dazu ihrer 260 vollschreiben?

Ernest van den Haag: *Die Juden, das rätselhafte Volk*. Aus dem Amerikanischen von Hella Naura und Alfred Korn. Vorwort von Salcia Landmann. Hoffmann und Campe Verlag, Hamburg, 1973.

Ob er will oder nicht: er ist ein Dichter

Peter Handke: Die Innenwelt der Außenwelt der Innenwelt (1969)

Pressemeldungen und Fußnoten zu Vorabdrucken hatten den Inhalt der 150 Seiten, die Peter Handke unter dem Titel »Die Innenwelt der Außenwelt der Innenwelt« jetzt in Buchform herausgegeben hat, als »Gedichte« bezeichnet. Das Bändchen selbst trägt keine nähere Bezeichnung, und im Text der bibliographischen Vorbemerkung ist – hoffentlich ohne Wissen des Autors, der sich gegen solch herabwürdigende Gleichmacherei doch wohl wehren müßte – von »Texten« die Rede.

Aber es sind Gedichte. Wahrhaftig, es sind Gedichte. Es sind, ob Handke das so haben will oder nicht, sogar schöne, unheimlich schöne Gedichte darunter. Denn Peter Handke, ich kann's ihm leider nicht ersparen, ist ein Dichter.

Nun widerstreben Begriffe wie »Dichter« und »Gedicht« (nebst allem, was sich ihnen assoziiert) seit eh und je einer schlüssigen Definition, bieten seit eh und je dem Erspüren bessere Handhabe als dem Erfassen. Obendrein befinden sie sich gerade jetzt in einem akuten Stadium jenes Prozesses, den Hermann Broch schon vor mehr als vier Jahrzehnten als »Wertzerfall« erkannt hat. Damit sind sie in höherem Maß als je zuvor auf subjektive Befunde angewiesen, und wer sich darauf einläßt, über sie zu befinden, ist zu persönlicher Standortbestimmung gehalten.

Sie lautet in meinem Fall dahin, daß ich drei Viertel alles dessen, was sich derzeit – sei's unter welchem Kennwort immer – als »Lyrik« darbietet, für schieren, bübischen Unfug halte, von dem ich mich abwechselnd gefoppt und gelangweilt fühle. Unter »Lyrik«, damit auch das noch gesagt sei, verstehe ich eine literarische Kunstform, deren ebenso unerläßliches wie untrügliches Charakteristikum darin besteht, daß sie etwas ausdrückt, was sich anders als im Gedicht nicht ausdrücken ließe – ein Exklusivmerkmal, auf das weder die epische noch die dramatische Kunstform Anspruch erheben können.

Ob Peter Handkes Gedichte diesen Anspruch erheben, weiß ich nicht. Ich weiß nur, daß sie ihn erfüllen.

Sie erfüllen ihn ganz und gar von der Sprache her, die den Dichter Peter Handke ganz und gar erfüllt, in jeder Phase seines Denkvermögens, in jeder Faser seines Fühlvermögens, erbarmungslos, bis zum Rand – und um kein Jota weiter. Haargenau dort, wo sie ihn zu sprengen droht, wird er der Fülle ihrer Gesichte, wird er der hundert Inhalte, die er erlebt und erlitten hat, Herr. Es ist ein atembeklemmender Vorgang, ein Seiltänzerakt ganz oben in der Kuppel, für jedes Wort wird das Sprachseil aufs neue gespannt, jedes Wort will durchgangen und jeder Durchgang ausbalanciert sein. Ein anderer würde vielleicht verstummen oder lallen oder aufbrüllen. Aber da Handke weiß, daß Verantwortung von Antwort kommt und Antwort vom Wort, so ist er, wenn er dem Wort sich endlich stellt, wenigstens vor dem Absturz gesichert. Er weiß, womit er umgeht.

Um diese Sprachverantwortung – schon weil er darauf verzichtet, sie in den Rang oder in die Richtung eines ethischen Postulats zu dirigieren – steht es bei Handke anders als etwa bei Karl Kraus, ohne den sie freilich nicht gut denkbar wäre und dem sie sich überall dort, wo ihr satirische Ventile eröffnet werden, tatsächlich annähert. Solche Ventilation begibt sich erquicklich oft, denn Handke –

auch das unterscheidet ihn vorteilhaft von den tierischen Ernstnehmern seiner Zunft – ist alles eher als humorlos.

Stücke wie »Die drei Lesungen des Gesetzes« oder »Was ich nicht bin, nicht habe, nicht will, nicht möchte...« oder »Die Wortfamilie« wurzeln zutiefst in dem von Karl Kraus aufgerodeten Sprach-Humus, fügen sich adäquat in sein sprachliches, sein geistiges (und somit fast schon in sein ethisches) Weltbild.

Dennoch scheint mir Handkes Verwandtschaft mit einem andern Österreicher erheblicher, nämlich die mit Ödön von Horváth. Sie bekundet sich im entlarvenden Gebrauch der Phrase, die bei Horváth der Verdeutlichung von Charakteren dient und bei Handke der Verdeutlichung von Zuständen. Es ist ihr eine Art Bumerang-Funktion zugeteilt: die Phrase wird abgeschnellt, kurvt durch die Gegend, und wenn sie sich in die Druckerschwärze ihres Ursprungsortes niederläßt, hat alles, was sie unterwegs gestreift hat, ein andres Gesicht. »Veränderungen im Lauf des Tages«, »Geschichtslügen«, »Die unbenutzten Todesursachen« liefern die stärksten Beispiele dafür.

Manchmal scheint's, als flöge der Dichter mit, ja als wäre er der Bumerang und der Getroffene zugleich. In dem Gedicht »Die verkehrte Welt« zeigt sich das bis zum Skelett entblößte Sprachgesicht in seiner äußersten Ambivalenz: »Ich entledige mich nicht der Kleider, sondern die Kleider entledigen sich meiner... Ich reiße das Pflaster von der Wunde, und die Wunde ist im Pflaster... Ich kaufe eine Zeitung und werde überflogen... Ich laufe ins Freie und werde verhaftet...«, bis zum ausweglos folgerichtigen Schluß: »... und flüchte mich aus dem unerträglichen Traum in die sanfte Wirklichkeit / und summe fröhlich Zeter und Mordio.«

Nicht der unerträgliche Traum ist die Qual. Die Qual ist, ihn auch noch zu Protokoll geben zu müssen. »Ich rede mir nicht Wörter ein, sondern Wörter reden mich mir aus«, heißt es im selben Gedicht. Die Qual ist, der eigenen Vernichtung das Wort zu geben – und in der letzten Sekunde innezuhalten, um wenigstens das eigene Wort vor der Vernichtung zu bewahren.

Es gibt keine Sekunde, keine letzte Sekunde, in der sich Peter Handke dieses qualvollen Auftrags nicht bewußt wäre. Dünnhäutig und verwundbar wie nur einer, öffnet er sich das Ventil in die Satire gerade weit genug, um ein wenig Luft zu schnappen, flüchtet er in die sanfte Wirklichkeit der »Besitzverhältnisse« und der »Reizwörter«, nur um sich an ihr zu erzürnen, und selbst seine gelegentlichen Ausbrüche in die optische Büberei, in ein Faksimile, eine Schlagzeilenmontage, eine Mannschaftsaufstellung des 1. FC Nürnberg haben etwas rührend Vergebliches an sich. Es wird ihm nichts nützen.

Dicht dahinter lauert die Verzweiflung, lauert, was er nur ganz selten so ausdrücklich benennt: das Erschrecken, die Scham (»Ja, ich als einziger im Klassenzimmer hebe den Arm, ja, ich schäme mich«), lauert der Schmerz. »Im Wirtshaus sind die Tischtücher so weißblau kariert, daß man Heimweh kriegt.« Aber diesem Heimweh nachzugeben, verbietet er sich schon wieder. »Und atme nicht ein / und atme nicht aus / und rühre mich nicht vom Fleck«: ein aussichtsloser Wunschtraum, so aussichtslos wie die Sehnsucht, »worttaub« zu werden. Nichts da. Die Hellhörigkeit ist sein Los.

Nicht ohne Grund war eingangs von einem »Rand« die Rede, bis zu dem ihn die Sprache erfüllt, nicht ohne Grund schreibt er 1966 ein Gedicht, das »Der Rand der Wörter« heißt, und 1968 ein zweites mit dem selben Titel und mit den Schlußzeilen: »Wo der Rand der Wörter sein sollte, fängt trockenes Laub an den Rändern zu brennen an, und die Wörter krümmen sich unendlich langsam in sich selber: / ›Diese Trauerränder!‹ / Dieser Rand der Trauer.«

Daß die Wörter, die sich ihm ausreden, daß die »Verwechslungen« und die »Vergleiche für nichts Vergleichbares« da und dort überraschende Steckkontakte finden und zu sprachlichen Kurzschlüssen führen, deren Stichflamme weithin Helligkeit wirft (»Diese Wüste ist eine Fata Morgana«), schafft seiner Trauer keinen Trost. Ihm wird, wenn alles gesagt ist, doch immer zumute sein, »wie wenn man ein Tuch über den Käfig wirft, um die Vögel zum Schweigen zu bringen«.

Ihm bleibt die Verzahnung des Unentrinnbaren zweifach auferlegt: indem er sie vornimmt – und indem er sich ihr preisgibt. Er artikuliert das namenlose Entsetzen, dessen die Welt voll ist. Das heißt: er gibt ihm Namen. Das heißt: er macht uns begreiflich, was wir anders nicht begreifen könnten. Das heißt: er ist ein Dichter. Und was er hier geschrieben hat, sind Gedichte. Ich möchte sie am liebsten als »Informationslyrik« bezeichnen. Man weiß hernach viel mehr, als man zuvor gewußt hat. Man weiß viel besser, warum es eigentlich am schicklichsten wäre, Selbstmord zu begehen – und warum man's trotzdem nicht tut.

Peter Handke: *Die Innenwelt der Außenwelt der Innenwelt.* Suhrkamp Verlag, Frankfurt a. M. (edition suhrkamp 307), 1969.

Albtraum oder Reportage

Peter Handke: Der kurze Brief zum langen Abschied (1972)

Ein aus Österreich stammender Ich-Erzähler – wer will, mag ihn getrost mit dem Autor identifizieren – berichtet über eine Reise durch die Vereinigten Staaten, die irgendwo in der Provinz einsetzt und im Zeichen der Suche nach seiner Ehefrau steht. Die beiden sind einander unerträglich geworden, sind einander abhanden gekommen, aber nicht voneinander los. Jetzt, auf dieser noch gemeinsam angetretenen Amerika-Reise, verfolgen und verfehlen sie einander, manchmal aus Zufall, manchmal aus Absicht (aus ihrer oder aus seiner). Wo immer er haltmacht, hat kurz zuvor auch sie haltgemacht und ist mittlerweile verschwunden, gibt jedoch durch zurückgelassene Nachrichten, durch Briefe, durch Anrufe, durch Übersendung von Requisiten zu erkennen, daß sie seinen Weg im Auge behält.

Er legt diesen Weg zuerst allein zurück, dann in Gesellschaft einer Amerikanerin, mit der er vor Jahren einmal geschlafen hat und auch jetzt wieder schläft, dann ist er abermals allein, und dann – nach ebenso nüchterner wie abenteuerlicher Vorbereitung – trifft er endlich mit seiner Frau zusammen.

Gemeinsam besuchen sie den alten, zurückgezogen in Kalifornien lebenden Meisterregisseur John Ford, den sie beide sehr verehren und der ihnen eine Menge kleiner Geschichten erzählt, sichtlich stolz darauf, daß sie alle, ebenso wie die Geschichten seiner Filme, »lebenswahr« sind: »Nichts davon ist erfunden, alles passierte wirklich!« sagt er und wendet sich an seine Besucher: »Erzählt nun eure Geschichte!« Hernach fragt er, ob sie auch wahr sei. »Ja«, antwortet die Frau des Erzählers. »Das ist alles passiert.« Mit diesem ironischen und dennoch seltsam rührenden Satz endet das Buch.

Ich möchte Peter Handke nicht kränken – aber was er da geschrieben hat, ist ein sehr guter Roman. Und da ich unter einem »guten Roman« etwas eher Altmodisches verstehe, kann ich nicht annehmen, daß es dem Dichter Handke – die Anschuldigung, ein Dichter zu sein, habe ich schon früher gegen ihn erhoben – tatsächlich darauf angekommen wäre, einen guten Roman zu schreiben, also eine Geschichte zu erzählen, die einen Anfang und ein Ende hat und in der sich aus Charakteren und Konflikten bestimmte Situationen ergeben, deren Gesamtheit sich zu einer klaren oder mindestens im Rückblick klar überschaubaren Handlung zusammenfügt.

Der kurze Brief zum langen Abschied weist alle diese Merkmale auf. Es fehlt nicht einmal das Spannungselement, auf das ein guter Roman sogar verzichten dürfte (einige der besten Romane der Weltliteratur sind, was die Struktur ihres Ablaufs betrifft, überaus langweilig).

Freilich ist es bei Handke keine Spannung im herkömmlichen Sinn, wie sie etwa von Krimis erzeugt wird. Auch die Charaktere und Konflikte, auch die zur Handlung zusammengefügten Situationen entsprechen den herkömmlichen Vorstellungen eines Romanlesers nur in geringem Maß, ja sie sprechen diesen Vorstellungen mitunter recht deutlich Hohn. Trotzdem bleiben die Charaktere jederzeit glaubhaft, die Konflikte jederzeit einleuchtend, die Situationen konsequent, die Handlung logisch. Und die Spannung braucht sich ihrer kriminalistischen Komponenten nicht zu schämen.

Das Vertrackte an der Sache ist, daß es sich hier um einen ganz und gar heutigen, um einen höchst modernen Roman handelt, dessen scheinbar altmodische Mittel die Funktion haben, eine anders nicht überbrückbare Diskrepanz zu überbrücken: die Diskrepanz zwischen der Heutigkeit eines Bewußtseins und der Herkömmlichkeit dessen, was ihm zustößt.

Über die Fragwürdigkeit der Kunstform »Roman« hat sich einer ihrer bedeutendsten Repräsentanten – lange vor Hermann Brochs Zweifeln an der Zulässigkeit des »Geschichtel-Erzählens«, lange vor jeglicher »nouvelle vague« und ihren modischen Metastasen – ausführlich den Kopf zerbrochen: André Gide in der Verflechtung seines »Falschmünzer«-Romans mit dem »Tagebuch der Falschmünzer«. Und selbst er fand sich darauf angewiesen, die Unmöglichkeit, einen Roman zu schreiben, durch einen Roman zu demonstrieren und somit ad absurdum zu führen.

Handke gibt sich mit der Absurdität des Romans erst gar nicht ab. Er greift sozusagen unmittelbar nach der Absurdität des Daseins (soweit Unmittelbares mit den Mitteln der Sprache nun eben zu bewerkstelligen ist). An manchen Stellen schmeckt seine Erzählweise nach kommentiertem Kafka: »Jetzt lief ein Kind an der Lokomotive vorbei und verschwand zwischen den Häusern, *wie jemand aus einem andern Traum.*«

Kafka hätte auf diesen Kommentar verzichtet, hätte offen gelassen, ob das an der Lokomotive vorbeilaufende und zwischen den Häusern verschwindende Kind zum gleichen Traum gehört oder zu einem andern, und hätte solcherart das Albtraumhafte der ganzen Vision verstärkt. Er hätte sich nicht festgelegt. Handke legt sich fest. Aber er wird darum nicht unbedingt schwächer. Seine Kommentare geben neue Rätsel auf: Indem sie die Ereignisse mit einer Präzision darzustellen versuchen, der sich die Materie des Darzustellenden organisch widersetzt.

Natürlich weiß er das; und läßt seinerseits offen, ob es ihm um die Reportage eines Albtraums geht oder um den Albtraum einer Reportage. Seine Figuren mögen noch so nahe aneinander geraten – in Beziehung zueinander treten sie nicht. Weder verhehlen sie sich, noch geben sie sich preis. Sie stehen gleichsam in Klarsichtpackung da, und wenn sich zwischen ihnen ein Kontakt ergibt, so ergibt er sich wie ein geschlagener Feind. Sie haben – bei aller Angst und Einsamkeit, die im Ich-Erzähler ihre qualvollste Verkörperung findet – keinerlei »Kommunikationsschwierigkeiten«. Sie verstehen einander aufs Wort, aufs rätselhafte, vielschichtige, mißverständliche Wort. Jeder Satz ist ein Ansatz, der anderswohin gedeiht, als er könnte und sollte. Handke handelt von der Kontaktlosigkeit menschlicher Kontakte.

Er bedient sich dazu einer täuschend nachgeahmten epischen Form und einer Reisebeschreibung obendrein. Er bedient sich sämtlicher Accessoires, die traditionellermaßen zu diesen beiden Literaturgattungen gehören. Er hat den Blick für das Wesentliche, und das heißt: den Blick fürs Detail, für das Psychologische bei der Schilderung von Menschen, für das Atmosphärische bei der Schilderung von Ereignissen, sei es der Bühnenauftritt einer alternden Filmschauspielerin oder die Parade am »Tag der Armee«, sei es die Extrovertiertheit eines amerikanischen Liebespaars oder die Insichgekehrtheit der amerikanischen Landschaft.

Er weiß Figuren erstehen zu lassen und weiß sie transparent zu machen, so daß dahinter ihr Schicksal sichtbar wird. Er weiß die Ritzen auszusparen, durch die man Abgründe sieht. Er hat einen sehr guten Roman geschrieben.

Peter Handke: *Der kurze Brief zum langen Abschied.* Suhrkamp Verlag, Frankfurt a. M., 1972.

Das Wünschen hat ihm geholfen

Peter Handke: Als das Wünschen noch geholfen hat (1974)

Peter Handke hat ein paar Gedichte und Prosastücke, die (mit einer einzigen Ausnahme) schon zuvor im Druck erschienen waren, zu einem Bändchen von 129 kleinformatigen Seiten zusammengestellt und den Titel »Als das Wünschen noch geholfen hat« darübergesetzt. Wenn Peter Handke kein erfolgreicher Autor wäre, hätte sich der ebenso angesehene wie geschäftstüchtige Verlag Suhrkamp auf eine solche Publikation vielleicht gar nicht eingelassen. Darum ist es gut, daß Peter Handke ein erfolgreicher Autor ist, daß seine im Lauf der letzten drei Jahre entstandenen Texte jetzt gesammelt vorliegen und daß sie einen so aufschlußreichen Titel tragen.

Man darf diesen Titel schon deshalb als Schlüssel zum Inhalt und zur Absicht des ganzen Büchleins ansehen, weil Handke ihn im Motto noch eigens verdeutlicht, indem er die betreffende Stelle aus dem »Froschkönig« der Brüder Grimm zitiert: »In den alten Zeiten, wo das Wünschen noch geholfen hat, lebte ein König, dessen Töchter waren alle sehr schön ...«

Auch die hier versammelten Töchter der Handke'schen Muse sind alle sehr schön, wirklich alle. Und den Ausdruck »Muse« verwende ich selbstverständlich im vollen Bewußtsein seines altmodischen Charakters (der ja nicht minder dem Ausdruck »schön« anhaftet). Vor sechs Jahren, als ich an dieser Stelle über Handkes »Innenwelt der Außenwelt der Innenwelt« berichtete, habe ich eine noch ganz leicht vorbehaltliche, noch leise zweiflerische Formulierung gebraucht:

»Ob Handke will oder nicht – er ist ein Dichter.« Vorbehalte und Zweifel, sowohl die meinen an Handke als auch die Zweifel Handkes an sich selbst, sind schon beim »Kurzen Brief zum langen Abschied« geschwunden. Heute steht fest, daß Handke ein Dichter sein *will*.

Gäbe es keinen anderen Beweis dafür – aber es gibt ihrer viele, von Handkes eigener biographischer Aussage (»Was hat sich verändert? The story of my life«) bis zu den »verpuppten Mienen der Zuneigung« und zu Verszeilen wie: »In diesem Herbst ist die Zeit fast ohne mich vergangen« oder: »An einer Stelle inmitten der düsteren Landschaft / flimmerten die Birkenblätter so hell wie ein Schmerzenslaut« – nun, allein das Motto des Buchs wäre Beweis genug.

Nichts in dem Buch, nichts in Handkes ganzer geistiger Haltung liefert auch nur den geringsten Anhaltspunkt dafür, daß dieses Motto etwa ironisch gemeint wäre. Es ist ein wehmütiges, ein sehnsüchtiges Motto. Aber woher rührt seine Wehmut, worauf richtet sich seine Sehnsucht? Sind es die alten Zeiten? So billig gibt's der Peter Handke nicht. Ist es das Wünschen, ist es die dermaleinst vom Wünschen bewirkte Hilfe? Ist es, kurzum, die Sehnsucht nach einer Märchenwelt, die niemals existiert hat und die man getrost mit der niemals existent gewesenen »heilen Welt« gleichsetzen könnte, an die zu glauben – und deren Existenz vortäuschen zu wollen – von einer fortschrittsbewußten Literaturkritik besonders jenen Autoren insinuiert wird, die sich mit dem Unheil der Welt auf andere und ehrlichere Weise auseinandersetzen, als es den linkslastigen Weltverbesserungs-Schablonen entspricht?

Es ist nichts von alledem. Sofern Handkes Sehnsucht sich überhaupt auf etwas konkret Gedachtes fixieren läßt, ist es der *Sinn* des Wünschens. Und die Angst, die ihn schüttelt und durchschüttert, rührt immer wieder daher, daß dieser Sinn am Ende unauffindbar bliebe. Keine simple Lebensangst also (daß er's so billig nicht gibt, wurde schon gesagt). Vielmehr wird hier, wie schon an manchen Stellen des »Kurzen Briefs«, abermals ein Anklang, ein An-Sinnen an Kafka spürbar: die Angst, es sei »jeder Anblick ein verrottetes Fragment / ohne Idee von dem Plan / der verlorenging«.

Mit freiem Auge ist Handkes Sehnsucht von dieser Angst kaum zu unterscheiden, und ganz gewiß ist sie nicht von ihr zu trennen; nicht von den Qualen eines Hellhörigen, dem es auferlegt ist, in sich hineinzuhorchen, und der, je individualistischer er sich gebärdet, desto auswegloser auf eine allgemeine Unheilbarkeit stößt (im allerletzten Text verändert sich das »ich« erstmals zum »man«); nicht vom unablässigen Bohren nach einem Angelpunkt der Bewältigung (»Wo überlebt noch der letzte Widerspruch? / Wo ist der Anblick, der einen wiederbelebt?«); und nicht vom verzweifelten Aufatmen angesichts der Möglichkeit, sich selber zuzunicken und den Kopf zu schütteln.

Das ist nicht viel mehr als das Minimum einer Absicherung – aber auf eingegrenztem Standort ist gut stehen. In einem der Prosastücke schildert Handke seinen Besuch in der monströsen Pariser Hochhaussiedlung »La Défense«, schildert ihn mit der (tatsächlich von Fotos illustrierten) Bildhaftigkeit eines Schulaufsatzes, mit einer fast schon primitiven Reduktion auf das Nötigste. Aber wir merken bald genug, daß es der Mensch ist, der hier reduziert wird. Und als sozusagen positive Kehrseite dieser Reduktion offenbart sich Handkes neu gewonnene Standfestigkeit.

Sie ihrerseits befähigt ihn zu einer merkwürdig gebändigten Aggressivität, zu einer polemischen Zurückhaltung, die man bei einem doch noch jungen und keineswegs temperamentlosen Autor eigentlich nicht vermuten würde – und die ihn dennoch niemals in den Verdacht einer arrogierten Distanz bringt.

Das gilt vor allem für seine politischen Äußerungen. Sie

erfolgen aus nächster, schmerzhaft erlebter Nähe und sind somit für Agitationszwecke unverwendbar.

Da er rechtzeitig und ausdrücklich seine Skepsis gegen die »linken Klischees« anmeldet, tut es nichts zur Sache, daß ihm dann zur Charakterisierung einer verabscheuungswürdigen Weltlage wieder nur Nixon und Chile und die Portugiesen in Mozambique einfallen, also lauter linke Klischees. Da er sich nicht darüber täuscht, »daß es eine Dialektik (gibt), die nichts anderes als eine weltvergessene Routine ist«, kann er sich's leisten, »in eine andere Richtung« auszuweichen, »sowie beim Schreiben auch nur der Ansatz eines Begriffs auftaucht«. Begriffe nämlich »bieten sich bei jeder Schreibbewegung als das erste Schlechte an; wenn man müde ist, läßt man sie stehen; sie sind das scheinbar Schwierige, das einfach zu machen ist«. Kein demoskopisches Institut wird je ermitteln, wie viele von den Brechtokokken, die das lesen, den infernalischen Hintersinn dieser Umkehrung eines Brecht'schen Diktums erfaßt haben.

Nein, Handkes vermeintlich »aktuelle« Statements lassen sich nicht auswerten, von keiner Seite. Auch sie sind nur Chiffren der festgefrorenen Einsamkeiten, von denen er sich umringt weiß, Chiffren seiner Angst, seiner Sehnsucht, seiner Suche nach einem Glück, das fürs erste schon darin besteht, die Suche als statthaft und das zu Suchende als Glück zu erkennen. Eine natürliche Regung? Es war einmal. Selbst das Bekenntnis zur Natur erfordert Mut: »Wie dummdreist die Attitüde, Naturschilderungen pauschal als vergangene literarische Methode abzutun!«, heißt es bei Handke. Mögen doch alle, die ihn jetzt endgültig als Reaktionär zu entlarven planen, von einem braven Zauberer augenblicklich in Störche verwandelt werden, mutabor, vielleicht hilft das Wünschen noch einmal.

Und mögen doch alle Reaktionäre, die ihn jetzt für sich in Anspruch nehmen möchten, von diesem unsinnigen Vorhaben ablassen. So avant ist keine Garde, daß Handke ihr nicht immer noch um ein entscheidendes Stückchen Einsicht voraus wäre, um ein entscheidendes Stückchen Intelligenz, und vor allem um die entscheidende Begabung, zwischen Inhalt und Ausdruck, zwischen Trostlosigkeit und »poetischer Lust auf die Welt« eine einleuchtende Balance zu schaffen. Wer ihm daraus den Strick einer »Rückkehr zum Konventionellen« drehen will, übersieht, daß sich mittlerweile die Konventionen geändert haben.

Es ist diese Änderung, die Handke artikuliert, weit überzeugender, weit kompetenter als jene, die auf das Zerbröckeln bestimmter Daseinsformen mit einer Auflösung der Syntax reagieren, und die es für einen künstlerischen Ausdruck ihrer Kommunikationsschwierigkeiten halten, wenn sie lallen. Handke spricht zusammenhängend. Und wir sind mitten in die von ihm gesichteten Zusammenhänge gestellt.

Peter Handke: *Als das Wünschen noch geholfen hat.* Suhrkamp Tb 208. Suhrkamp Verlag, Frankfurt a. M., 1974.

Ein genialer Dilettant

Vorwort zu Fritz von Herzmanovsky-Orlandos »Maskenspiel der Genien«
(1958)

Daß »Amateur« auf deutsch »Liebhaber« heißt, ist allgemein bekannt und ohne jeden ehrenrührigen Beigeschmack akzeptiert. Hingegen haftet der Bezeichnung »Dilettant« etwas leicht Herabwürdigendes an. Mit Unrecht, wie mir scheint. Denn »dilettare« bedeutet ursprünglich soviel wie »sich zerstreuen, sich ergötzen«, und es ist eigentlich nicht einzusehen, warum diese harmlos liebenswerte Betätigung gering gelten sollte in den Augen der Welt.

Wahrscheinlich ist das die Schuld jener Dilettanten, die nicht wußten, daß sie's waren, und die das Resultat ihrer Zerstreuung und Ergötzung der Umwelt mit objektivem Wert- und Wertungsanspruch präsentierten.

Dem Dichter (wie übrigens auch dem Maler) Fritz von Herzmanovsky-Orlando lag nichts ferner als solcher Anspruch. Mit einer Grandezza sondergleichen, mit demonstrativem Über-Mut verstieß er gegen das herkömmliche Produktionsverfahren und die allseits gültigen Regeln der Kunst, und seine Verstöße liegen so handgreiflich zutage, daß wahrlich nichts damit getan wäre, wenn man sie noch eigens und tadelnd vermerken wollte. Herzmanovsky entzog sich den professionalen Kunstgesetzen ganz unverkennbar deshalb, weil sie ihn langweilten. Er war ein Dilettant aus Liebhaberei, nicht aus Not. Er war es bewußt und absichtlich, nicht etwa ahnungslos. Und wenn an seiner Disziplinlosigkeit etwas zu tadeln wäre, dann höchstens dies: daß er sie ebensogut auch hätte meistern können, daß der eminente Kunst-Sinn, mit dem er begabt war, ihn zum Einhalten von Kunst-Form und Kunst-Regel durchaus befähigt hätte. Aber das machte ihm keinen Spaß, das zerstreute und ergötzte ihn nicht, das hatte er nicht lieb. Er zog es vor, den Herrgott einen guten Mann und sich selbst ein Genie sein zu lassen.

Hieraus entstanden zweierlei Folgen. Die erste: daß er zu Lebzeiten so gut wie unbekannt blieb. Die zweite: daß der Betreuer seines literarischen Nachlasses sich nun einem wahren Dschungel von üppig wucherndem Literaturprodukt gegenübersieht, einem betörend selbstherrlichen Phantasie- und Fabulierdickicht, das er zu sichten, zu roden und gangbar zu machen hat. Seufzend geht er an dieses Unternehmen heran. Teils mit wollüstigem Seufzen: denn die Landschaft, in der er sich da umtut, war für ihn seit jeher von einmaliger Faszination. Und teils mit dem Seufzen einer großen Trauer über die Eingriffe und Einbußen, die sich da leider als unvermeidlich erweisen.

Schon einmal zuvor ergab sich Gelegenheit und Nötigung, ein Nachlaßwerk Herzmanovskys aus seiner Überfülle und Überformung in einen öffentlich reproduzierbaren Zustand zu bringen, auf daß ein breiteres Publikum teilhabe an der Zerstreuung und Ergötzung des Autors: die drei Akte des parodistischen Spiels »Kaiser Joseph und die Bahnwärterstochter«, die eine Aufführungsdauer von ungefähr fünf Stunden erfordert hätten, wurden für die Uraufführung an den Münchner Kammerspielen im Januar 1957 (und für die alsbald folgende österreichische Erstaufführung durch das Burgtheater) zu einem Einakter komprimiert, der knappe anderthalb Stunden dauerte – und immer noch bemängelte der oder jener (mit durchaus zutreffenden Argumenten übrigens) die oder jene Länge.

Die an Hand des »Kaiser Joseph« gemachten Erfahrungen und Wahrnehmungen besitzen auch für die Bearbeitung des »Maskenspiels der Genien« so weitgehende Gültigkeit, daß vielleicht auszugsweise aus einem damals gelegten Rechenschaftsbericht* zitiert werden darf:

»... Die Hemmungen, mit denen der Bearbeiter es hier zu tun hat, sind zugleich Verlockungen und eben darum so schwer zu bewältigen. Er darf nämlich nicht darauf verzichten, die Köstlichkeiten, die in den weitab verfließenden Dialogen verstreut sind, zu bergen und sie in einen gestraffteren Zusammenhang neu einzupflanzen. Die Frage nach ihrem originalen Wachstum stellt sich nicht. Sie ›passen‹ beinahe überall hinein. Die präzise Zuordnung bestimmter Äußerungen zu bestimmten Charakteren oder Situationen ist ebensowenig Herzmanovskys Sache und Ehrgeiz wie die psychologische Gestaltung der Charaktere selbst, die eindeutige Struktur ihrer Konflikte, und, kurzum, die Beobachtung der handwerklichen Disziplinarvorschriften für den Aufbau eines Theaterstücks. Sehr vieles von dem, was er seine Figuren an bestimmten Stellen sagen läßt, könnte er auch von andern Figuren an andern Stellen sagen lassen, sehr vieles von dem, was in bestimmten Augenblicken auf der Bühne geschieht, könnte auch früher oder später geschehen oder auch gar nicht. Für die ›Handlung‹, soweit sie vorliegt, wäre das kein Verlust. Es wäre nur ein Verlust für die Bühnenliteratur. Denn noch in Herzmanovskys ›überflüssigsten‹ und ›anorganischesten‹ Szenen und Figuren steckt mehr Einfall und Eigenwuchs und Originalität als im Gesamtwerk manch eines seiner routinierten Zunftgenossen.

Das weiterhin Verwirrende ist, daß man sich nicht einmal auf Herzmanovskys Bühnenfremdheit verlassen kann; daß ihm plötzlich ein Zugriff von beneidenswerter Präzision gelingt; daß er in seiner erzählenden Prosa mit ein paar Sätzen eine Gestalt von unglaublicher Plastik zu schaffen vermag,

* »Eine Lücke in den Gesetzen der Bühne«, FORVM, Wien, IV. Jahrgang, Heft 39, S. 108 f.

eine Atmosphäre von beklemmender Überzeugungskraft, eine Situation von unheimlich ausgeleuchteter Abgründigkeit. Auch auf der Bühne glückt ihm dergleichen oft genug. Nur eines glückt ihm nie: eine noch so leise Andeutung dessen, was man landläufig unter ›Spannung‹ versteht. Mit keinem kleinsten Handlungsbrocken versucht er ›Neugier‹ zu erregen, geschweige denn sie zu stillen. Denn seine eigene Neugier, anders geartet und anderswohin gerichtet, wird auf Schritt und Tritt von einer nimmersatten Entdeckerfreude abgelenkt und weggelockt – in Gegenden, die sonst ganz gewiß unentdeckt blieben, und mit einer Konsequenz, wie sie sonst höchstens bei den großen Clowns zu finden ist.

Nun, dann hätte also Herzmanovsky – und das bezöge sich nur auf seine Technik, keineswegs auf seine Aussage – die unauslotbaren Untergründe der Zirkusclownerie in die Literatur und auf das Theater transponiert und ließe aus ihnen mit der ganzen Selbstverständlichkeit clownischer Logik die bizarren Blüten seiner Phantasie emporwuchern, unbekümmert um Planung und Konzeption, gelangweilt schon vom bloßen Gedanken an die Nötigung, sie etwa ausführen zu müssen, und hingerissen von jeder neuen Entwicklung, die sich beim nächsten Quersprung um die nächste Ecke anbietet. Und wie die Dinge mit diesem Kauz nun einmal liegen, ist dem Bearbeiter eine ›Normalisierungsgrenze‹ gesteckt, über die er nicht hinausgehen darf: wenn anders er die unvergleichliche Phantasielandschaft Herzmanovskys nicht hinter sich lassen und in irgendein gängiges Jemandsland geraten will, wo auf allseits einwandfreien Wegen ein fröhliches Tummeln ist.«

Die »neuen Entwicklungen«, die sich ihm im »Maskenspiel der Genien« an jeder Ecke anboten, waren von solcher Vielfalt oder doch Vielzahl, daß das ungesichtete Gesamtmaterial mehr als den doppelten Umfang der hier vorliegenden

Druckfassung aufwies. In mancher Hinsicht ließen Sichtung und Kürzung sich einfach genug bewerkstelligen. Denn manchmal war es ganz einfach so, daß die gleiche Person zwei- oder gar dreimal eingeführt wurde (sei's unter demselben, sei's unter leicht verändertem Namen), daß der gleiche Gedankengang zwei- oder gar dreimal niedergelegt erschien: einmal vom Autor aus, ein andresmal als Überlegung einer seiner Figuren (und nicht immer der just am besten hiezu geeigneten), ein drittesmal im Dialog. Dann mußte eben möglichst sorgfältig erspürt und gesichert werden, in welcher Form, an welcher Stelle und durch wessen Vermittlung der betreffende Komplex sich am besten dem Zusammenhang einfügen ließe. Daß vom Autor keinerlei Anhaltspunkte dafür gegeben waren, versteht sich aus seiner Gleichgültigkeit solchen Kinkerlitzchen gegenüber von selbst. Ähnlich verhält es sich mit den duplizierten und triplizierten Figuren, die – aus überschäumender Schöpferlaune geboren oder einem plötzlichen Einfall zuliebe herbeigerufen – alle paar Seiten auftreten, um nach Verrichtung ihrer kleinen Dialog- oder Handlungsdienste wieder zu verschwinden. Es kann aber auch geschehen, daß sie vom Autor glatt stehengelassen werden, in irgendeiner Ecke, aus der er sie, wenn's ihm not zu tun scheint, auch hundert und etliche Seiten später aufs neue hervorholt.

Vor diesem trüben Los sind selbst wichtigere, mit unverkennbar weitreichender Absicht eingeführte und streckenlang durch die Handlung mitgeführte Figuren keineswegs gesichert. Nicht daß der Autor sie »ihrem Schicksal überläßt« (denn sie haben keines); sondern er verliert sie einfach aus den Augen, weil diesen seinen Augen sich mittlerweile schon wieder so viel Neues und Reizvolles dargeboten hat, daß jene ihn gar nicht mehr interessieren. Sie interessieren ihn um so weniger, als die ihnen etwa zugedachten Funktionen ja ebensogut von jemand andrem erfüllt werden können. Ihr

Abgang kümmert ihn nicht mehr – in sehr bemerkenswertem Gegensatz zu ihrem Auftreten, das sich stets unter genauester Wahrung der dazugehörigen Formen und Formeln vollzieht (»Übrigens, so und so mein Name« oder »Gestatten Sie, daß ich mich vorstelle«). Das ist aufschlußreicher, als man meinen sollte. Für den formvollendeten Aristokraten, der Herzmanovsky-Orlando war, ist die »Vorstellung« eine unumgängliche Zeremonie, und die penible Einhaltung gesellschaftlicher Konventionen geht eben bei ihm auf Kosten der künstlerischen. Als Privatmann hatte er die denkbar besten Manieren. Als Schriftsteller war er von einer geradezu entwaffnenden Manierlosigkeit. Fast könnte man ihn, ähnlich wie Heinrich Heine der »ungezogene Liebling der Grazien« genannt wurde, als ungezogenen Liebling der Dämonen bezeichnen.

Denn man lasse sich von seinen Clownerien, vom munteren Klingeln seiner Narrenkappe, von seinen grotesken Sprüngen nicht täuschen: der satirische Zugriff, den er damit camoufliert, ist alles eher als harmlos, und das skurrile Spiegelbild unsrer Wirklichkeit, das sich da aus den seltsamsten Reflexen und Verzerrungen zurechtformt, hat in seiner unentrinnbaren Folgerichtigkeit etwas höchst Unheimliches. Schon unter dem kauzigen, eigenartig schrägen Blickwinkel, aus dem Herzmanovsky seinen »Kaiser Joseph« und seinen »Gaulschreck im Rosennetz« anvisiert hatte, war in ungewissem »déjà vu« eine deutlich erkennbare (und ihrerseits genugsam verkauzte) Realität erstanden: jenes Österreich, dessen jahrhundertelange Existenz sich künftigen und hoffentlich sorgenfreieren Geschichtsforschern als Beweis für die Möglichkeit des Unmöglichen darstellen wird und dessen Untergang sogar uns Heutigen schon, sogar uns Betroffenen, als die katastrophalste Humorlosigkeit der Weltgeschichte erscheinen will. Im »Maskenspiel der Genien« aber, das er selbst als sein Hauptwerk empfunden hat, spiegelt das Austriakische mit all seinem sozusagen »realhistorischen« Anspruch sich ohne weitere Brechung in ein Weltbild hinüber, das seine Hintergründigkeiten bereits aus dem Mythischen und Mystischen empfängt, dem Herzmanovsky sein Leben lang innig zugetan war.

Hier wird der Uneingeweihte, der »Unbegnadete«, von weiteren Deutungen und Schlußfolgerungen besser Abstand nehmen; sonst könnte es ihm leicht so ergehen wie dem Helden dieses Romans, den ein besser bewanderter Gesprächspartner bildkräftig zurechtweist: »Ja ja, mein Lieber, jetzt tschundern S' im Mystischen umeinand wie ein Butterbrocken auf der heißen Kartoffel...« Hier, wie sich denken läßt, lagen die eigentlichen Fährnisse der Bearbeitung. Die okkulten Motive, von denen Herzmanovsky bewegt wurde, durften einerseits um keinen Preis vernachlässigt oder gar ausgeschaltet, anderseits jedoch nur so weit geführt werden, als der nicht initiierte Leser ihnen zu folgen willens und imstande sein würde. Und hier, in diesem unzugänglichsten Teil des geheimnisvoll durchschlungenen Dickichts, erfolgten denn auch die umfangreichsten Rodungen, mußten die Verbindungspfade zu den großen Hauptwegen freigelegt werden, zu den eigentlichen »Linien« des Romans:

Fürs erste die Linie, auf der das Leben des Helden abläuft; er wird erst in der Schlußvision ausdrücklich als »Aktäon« angerufen, mag aber manchem Leser schon früher – etwa in der Szene, da er die Göttinnengestalt in ihrem Muschelbade überrascht – als Reinkarnation der griechischen Mythengestalt erkennbar werden, oder gleich am Beginn, wenn der Autor ihn als Sohn einer Baronin Authonoë Inacher-Kadmić vorstellt (der legendäre Aktäon war der Sohn des Kadmos und der Authonoë).

Fürs zweite die »österreichische« Linie, deren Knotenpunkt nach Tarockanien verlagert ist, aber mit einem daneben weiterbestehenden (und weiter in die Handlung eingreifenden) »wirklichen« Österreich verknüpft bleibt und sich bis in die attischen Wälder, ja bis zum Parnaß weiterfädelt; diese Fäden laufen von allen Richtungen her in der Hand einer Figur zusammen, welche sich aus vagen Anfängen immer deutlicher zu einer Verkörperung der österreichischen Idee, wie Herzmanovsky sie versteht, entwickelt und bis ins Symbolwertige steigert.

Und schließlich die dritte Linie, für die eine genauere Bezeichnung erst noch zu finden sein wird – es sei denn, daß sie sich bereits gefunden hätte und eben »Herzmanovsky-Orlando« hieße; womit gesagt sein will, daß der ganz und gar originale Schaffensweg dieses Dichters zwar da und dort gepflastert, da und dort verkürzt, da und dort umgelenkt werden mußte, aber doch immer und überall *sein* Weg geblieben ist (und daß selbst für die Übergänge oder die neu zu pflasternden Stellen immer *sein* Material verwendet wurde, das ja in reichem Überschuß vorlag).

Aus Gründen der literarischen Ordnung ist noch zu vermerken, daß Herzmanovsky-Orlando mit der Niederschrift des »Maskenspiels« unmittelbar nach dem ersten Erscheinen des »Gaulschreck im Rosennetz« begann, also 1928, also beträchtlich vor Erscheinen von Musils »Mann ohne Eigenschaften«, dessen »Kakanien« gewissermaßen das rationalistische Gegenstück zu Herzmanovskys Traumland »Tarokkanien« bildet. Dem Bearbeiter selbst wurde vom Lande Tarockanien erstmals in einem Brief des Autors aus dem Frühjahr 1931 Kunde. [...]

Dem Bearbeiter bleibt nach Beendigung seiner Aufgabe ein leises Bedauern, daß sie überhaupt nötig war (aber das war sie: um der verlegerischen Möglichkeit willen, um des Publikums willen, um des Autors willen); und ein leises Bedauern, daß sie zu Ende ist. Es war eine ebenso schwierige wie vergnügliche Aufgabe. Also eine *sehr* schwierige. Das Vergnügen, so möchte er hoffen, ist nunmehr des Lesers.

Blumen der Unsterblichkeit

Heinrich Heine: Gedächtnisfeier
(1978)

Gedächtnisfeier

Keine Messe wird man singen,
Keinen Kadosch wird man sagen,
Nichts gesagt und nichts gesungen
Wird an meinen Sterbetagen.

Doch vielleicht an solchem Tage,
Wenn das Wetter schön und milde,
Geht spazieren auf Montmartre
Mit Paulinen Frau Mathilde.

Mit dem Kranz von Immortellen
Kommt sie, mir das Grab zu schmücken,
Und sie seufzet: »Pauvre homme!«
Feuchte Wehmut in den Blicken.

Leider wohn' ich viel zu hoch,
Und ich habe meiner Süßen
Keinen Stuhl hier anzubieten;
Ach! sie schwankt auf müden Füßen.

Süßes, dickes Kind, du darfst
Nicht zu Fuß nach Hause gehen;
An dem Barrière-Gitter
Siehst du die Fiaker stehen.

In diesem Gedicht ist der ganze Heine. Wäre der Begriff »total« steigerungsfähig – man könnte es sein totalstes Gedicht nennen.

Er war ein evangelisch getaufter Jude, und was an ihm jüdisch war, ist trotz der Taufe jüdisch geblieben. Er hat sich oft genug seines Judentums besonnen, gern, ungern, wehmütig, kämpferisch, verzweifelt. Aber den Anspruch auf ein »Kadosch«-Gebet an seinen Sterbetagen hatte er verwirkt, das wußte er, und den Anspruch auf eine Messe hatte er nicht erworben, auch das wußte er. Im übrigen kennt der evangelische Ritus keine gesungenen Totenmessen, und das jüdische Gebet für die Sterbetage heißt »Jiskor«, nicht »Kadosch« (oder »Kadisch«). Natürlich wußte er auch das und hielt es mit Recht für unwichtig. Hier geht es ja nicht um liturgische Korrektheit, sondern um Bild und Stimmung des Gedenktags, um die fast schon klischierte Vision der Trauer, die sich einer gesungenen Messe und einem gesagten Kadosch beigesellt. Beides wird ihm versagt bleiben. Und darin ist eigentlich schon seine ganze Lebensgeschichte enthalten.

Nicht aber die Geschichte seines Schaffens, seines Werks, seines Ruhms. Denn daß »nichts« gesagt und gesungen würde, daß man seiner vergessen könnte – daran glaubt er ja selbst nicht. Wenn er dennoch so tut, als glaubte er's, geschieht es mit dem koketten Zwinkern dessen, der sich des Gegenteils sicher weiß. Er hat es längst zu Protokoll gegeben: »Nennt man die besten Namen, so wird auch der meine genannt.«

Die Koketterie setzt sich in die nächste Strophe fort, in die skeptische Einschränkung, daß Frau Mathilde sein Grab »vielleicht« besuchen wird, »wenn das Wetter schön und milde«. Sonst vielleicht nicht. Und was sie auf den Montmartre lockt, ist nicht der Friedhofsbesuch allein, sondern gleichermaßen ein Spaziergang mit Paulinen, ihrer Freundin, über die er sich als »Mathildens Melone« lustig zu machen liebte. Das Ganze ist von der Melancholie eines Grabgangs ziemlich weit entfernt.

Immerhin: Frau Mathilde hat einen Kranz mitgebracht, ihm das Grab zu schmücken, und die feuchte Wehmut in ihren Blicken tut der klischierten Trauer eine weitere Genüge. »Pauvre homme!« seufzet sie. »Ich bin ein deutscher Dichter, bekannt im deutschen Land«, hieß es in jenem Protokoll. Aber wenn an seinem Sterbetag schon etwas gesagt wird, wird es französisch gesagt. Klingt ja auch viel hübscher als »Armer Kerl!« Französisches mitten in einem deutschen Gedicht macht sich immer gut, kommt seiner weltmännischen Grandezza gerade recht. Noch einmal flackert die Koketterie von vorhin auf, noch ein letztesmal.

Jetzt nämlich wird's ernst, viel ernster, als es den ungebrochen lässigen Anschein hat, so ernst wie in seiner zur ungefähr gleichen Zeit entstandenen Beschwörung »An die Engel« mit den erschütternden Zeilen: »Seid Schild und Vögte eurem Ebenbilde, / Beschirmt, beschützt mein armes Kind, Mathilde!« und nochmals nach der Todesahnung zum Schluß: »Ihr Engel, schützt Mathilde!« Nur daß in der »Gedächtnisfeier« aus dem armen Kind ein süßes, dickes geworden ist. Nur daß er ihr anstelle des Schutzes der Engel, den er ihr nicht anbieten kann, wenigstens einen Stuhl anbieten möchte – und nicht einmal dazu reicht es. Er muß die Fiaker vom Barrière-Gitter herbeizitieren, damit sie sein süßes, dickes Kind nicht zu Fuß nach Hause gehen lassen.

Es ist ein Kavalier von himmlischen Gnaden, der sich hier verabschiedet und mit wahrhaft überirdischer Eleganz auf Mathilde, auf uns, auf sich selbst herniederlächelt. Es ist der ganze Heine, der uns aus den fünf Strophen dieser Autobiographie entgegenglitzert und entgegenzwinkert. Es ist eine Gedächtnisfeier, wie sie ihm keine noch so klangvoll gesungene Messe, kein noch so fromm gesprochenes

Kadosch hätten veranstalten können. Schon deshalb nicht, weil er nicht an solche Gedächtnisfeiern glaubt.

Der Kranz jedoch, den Frau Mathilde ihm mitgebracht hat, besteht aus Immortellen, den Blumen der Unsterblichkeit. An die glaubt er.

Karl Kraus in seiner Zeit

Zur 100. Wiederkehr seines Geburtstags
(1974)

Meine Damen und Herren, es ist nicht wenig, was die Ankündigung »Karl Kraus in seiner Zeit« sich vornimmt und Ihnen verspricht. Es ist mehr, als ein Vortrag halten kann.

Schon der erste der beiden Faktoren, aus denen Titel und Thema bestehen, schon der Faktor »Karl Kraus« präsentiert sich so vielschichtig, daß man zuerst einmal klarstellen müßte, ob eine dieser Schichten Vorrang haben soll, und welche: der wortgewaltig schöpferische Stilkünstler, der Meister der Sprache, der sie aber nicht *beherrschen*, sondern ihr dienen wollte; der unerbittliche Moralist und jederzeit sprungbereite Satiriker; der Einzelgänger und Verächter aller literarischen Cliquen; der Kämpfer gegen die akuten Übelstände des Alltags, gegen Korruption und Amtsmißbrauch, gegen die Ungerechtigkeiten der Justiz und die Untaten des Journalismus; der Lyriker; der Wächter über geistige und sprachliche Sauberkeit; der Aphoristiker; der Theaterliebhaber, der seiner Liebe zum Theater ursprünglich als Kritiker Ausdruck gegeben hatte, selbst zum Dramatiker wurde, die Werke Shakespeares, Nestroys und Offenbachs bearbeitete und sie in seinem »Theater der Dichtung« auf dem Podium erstehen ließ; der als Rezitator nicht nur die großen Schatztruhen der Vergangenheit neu erschloß, nicht nur aus Goethe und Claudius Ungeahntes hervorholte, sondern sich auch in den Dienst seiner umstrittenen Zeitgenossen Hauptmann und Wedekind stellte; der spürsichere Entdecker junger lyrischer Talente wie Franz Werfel, Berthold Viertel und Albert Ehrenstein, der Förderer Georg Trakls und Else Lasker-

Schülers, der zugleich mit den Protagonisten anderer Kunstformen, mit Arnold Schönberg und Oskar Kokoschka und Adolf Loos befreundet war; und schließlich der Mann, der 37 Jahrgänge der »Fackel« herausgegeben und sie vom 11. Jahrgang an, also 26 Jahre lang, allein geschrieben hat.

Das alles – und es wurde keineswegs um einer billigen Ruhmredigkeit willen hergezählt, deren Karl Kraus nicht bedarf, heute weniger als zu seinen Lebzeiten –, das alles, soviel es auch sein mag, läßt sich auf einen gemeinsamen Nenner bringen, der Karl Kraus heißt. Für »seine Zeit« wird ein gemeinsamer Nenner schwerer zu finden sein.

Sie hat, wenn man sie mit seiner Lebenszeit gleichsetzen will, 62 Jahre gedauert, von 1874 bis 1936. Setzt man sie mit der Zeit seines Wirkens gleich, dann würde sie sich um ungefähr zwanzig Jahre verringern: so alt war Karl Kraus, als er zu publizieren begann. Aber auch diese Abgrenzung ist nicht unbedingt sinnvoll, denn er hat ja schon früher zu schreiben und vor allem zu denken begonnen. Vielleicht tut man am besten, die Zeit, in der er gelebt hat, nicht aus seinen Daten zu bestimmen, sondern aus den ihren, aus den verhältnismäßig ruhigen Jahrzehnten nach dem deutsch-französischen Krieg von 1870/71, den Jahrzehnten einer optimistischen Fortschrittstendenz, charakterisiert von Begriffen wie Liberalismus, Emanzipation, Industrialisierung, Erfindungsgeist – und freilich auch vom Erwachen nationaler Eigenständigkeiten und sozialer Spannungen; sie führten besonders im Vielvölkerstaat der Habsburger zu inneren Unruhen, die nach und nach ebenso verhängnisvoll anwuchsen wie die internationalen Konflikte, die sich aus der Kolonialpolitik der Großmächte und den Rivalitäten im Welthandel ergaben und die 1914 im Ausbruch des Ersten Weltkriegs gipfelten. Damit setzte der Verfall des alten Europa ein, Könige und Kaiser verschwanden, wirkliche oder vorgebliche Ideologien installierten sich als Diktaturen, und von der aufgebröckelten

Habsburgermonarchie blieb als schwächster Nachfolgestaat die Republik Österreich übrig, die alsbald von heftigen, zeitweilig bürgerkriegsähnlichen Wirren erschüttert wurde und 1934 in den autoritären »Christlichen Ständestaat« überging.

Das war – in groben Umrissen – die Zeit, in der Karl Kraus gelebt und gewirkt hat, das war »seine Zeit«. Und sofern sie sich überhaupt auf einen Nenner bringen läßt, wäre es der des Wechsels. Zwar hat noch jede Epoche – und jede mit einiger Befugnis – von sich behauptet, eine Zeit des Wechsels zu sein, aber noch keine mit so eklatantem Anspruch. Karl Kraus hat ihn in seiner ganzen Vielfalt zu merken bekommen. Wahrscheinlich würde er als wichtigstes Symptom all dieser Veränderungen anführen, daß er in seiner ersten selbständigen Publikation, 1896 unter dem Titel »Die demolierte Literatur« erschienen, »demolirt« noch ohne ie geschrieben hat und »Litteratur» noch mit Doppel-t, und daß diese Schreibweise, zugleich mit dem »th«, bald darauf abgeschafft wurde. Dem Verlust des th, der ihn bei Worten wie »Athem« oder »Thau« besonders schmerzlich ankam, hat er die »Elegie auf den Tod eines Lautes« gewidmet und hat, wie wir aus seinen vor kurzem veröffentlichten Briefen an Sidonie von Nádherný ersehen konnten, die th-Schreibung privat bis an sein Lebensende beibehalten.

Im übrigen aber ist er den Wechselhaftigkeiten seiner Zeit auf eine Weise gerecht geworden, die seinen Anhängern – zumindest jenen, die besser als Anbeter zu bezeichnen wären – auch heute noch arg zu schaffen macht. Seine Schuld ist es nicht. Der Irrtum liegt bei denen, die ihm so bedingungslos anhingen, daß sie jedes seiner Worte zum Tabu erhoben, daß sie bei jedem einzelnen so stehen blieben, als wäre die Zeit hernach nicht mehr weitergegangen, und daß sie das Recht, an einem Wort von Karl Kraus zu rütteln, nicht einmal ihm selbst konzedieren mochten. Sie waren gute Verehrer, aber schlechte Versteher, vor allem in Fragen der Politik, die Karl Kraus von Anfang an in den Kreis seiner Betrachtungen und seiner Angriffslust einbezogen hat. Die »Fackel« bezeichnet sich in ihren ersten Jahrgängen ausdrücklich als »politisch-literarische Zeitschrift«.

Keyser-Kienles Femdwörter-Lexikon definiert »Politik« nicht nur als »Staatskunst«, sondern als »alle auf das öffentliche Leben zielenden Tätigkeiten oder Bestrebungen«, und in diesem Sinn war Karl Kraus tatsächlich ein höchst politischer Mensch – nicht just ein Realpolitiker, aber auch kein wirklichkeitsfremder Idealist mit utopischen Vorstellungen einer ausschließlich vom hohen Ethos gelenkten Machtausübung.

Er hat oft genug auch in scheinbar nebensächliche Vorgänge der Tagespolitik eingegriffen, mahnend und warnend, eifernd und verdammend, ohne sich von Bindungen oder Abneigungen, auf die man ihn festgelegt glaubte, im mindesten beirren zu lassen. Er konnte nach dem Brand des Justizpalastes im Juli 1927 zornbebend gegen die gnadenlose Behandlung demonstrierender Arbeiter durch die christlichsoziale Regierung des Prälaten Seipel anrennen – und gleichzeitig das Erscheinen von Geschäftsinseraten in der »Arbeiter-Zeitung« als kapitalistische Käuflichkeit geißeln. Er zögerte nicht, während einer in Deutschland ausgebrochenen Kontroverse zwischen den beiden Linksparteien seine sozialdemokratischen Freunde durch die blitzblanke Formulierung zu verärgern: »Selbstverständlich haben die Kommunisten und die Sozialdemokraten mit allem recht, was sie gegeneinander sagen.« Er zögerte noch weniger, die Kommunisten, die ihn für sich in Anspruch nehmen wollten – ein Bestreben, das sie auch heute noch zu einer gelegentlichen Leichenfledderei veranlaßt –, gründlich und eindeutig in ihre Schranken zu weisen, etwa indem er definierte: »Bolschewismus ist nicht nur der Versuch, den Teufel durch Beelzebub auszutreiben, sondern auch der Erfolg, daß er bei der anderen Tür zurückkehrt«, oder indem er ihnen die Wortprägung »Moskauderwelsch« vorsetzte.

Er hat sich von seiner frühen, gegen Theodor Herzl gerichteten Streitschrift »Eine Krone für Zion« späterhin distanziert – nicht weil sie ihm von vielen Seiten übelgenommen wurde (das hätte ihn eher zum Festhalten veranlaßt), sondern weil er ihre Thesen als irrig erkannt hatte. Er ist, als ihm das richtig erschien, zum Katholizismus übergetreten und hat diesen Schritt, als er ihm falsch erschien, wieder rückgängig gemacht. Er hat noch in der letzten, wenige Monate vor seinem Tod erschienenen »Fackel« die von ihm so genannten »Trotzbuben« darüber belehrt, daß der »Widerruf einer Ansicht ... keine unsittliche Handlung« ist und »Einsicht, Besinnung, innere Umkehr, ja selbst Reue kein unsittlicher Beweggrund«. Er hat, kurzum, immer das getan, was moralischer Antrieb ihn zu tun hieß. Auch seine Eingriffe in die Tagespolitik erfolgten aus diesem Antrieb; aber das beeinträchtigte keineswegs sein waches Gefühl für die wechselnden Erfordernisse politischer Konstellationen, zumal wenn sie sich auf eine extreme Alternative hin zuspitzten. Aus der sei's auch noch so peinigenden Erkenntnis solchen Wechsels die entsprechenden Konsequenzen zu ziehen, also einen unhaltbar gewordenen Standort aufzugeben und einen andern einzunehmen, war dann für ihn schon wieder ein Gebot der geistigen Sauberkeit, das es auch um den Preis von Mißverständnis und Mißdeutung zu erfüllen galt.

In seinen letzten Lebensjahren hat er diesen Preis gleich zweimal zahlen müssen. Mit dem einen der beiden Mißverständnisse brauchen wir uns nicht länger aufzuhalten – es bezog sich auf seinen berühmten, häufig falsch und immer in verfälschender Isolation zitierten Ausspruch: »Mir fällt zu Hitler nichts ein.« Heute wissen wir nicht nur, daß die Mißdeutung dieses Satzes entweder auf schnöde Absicht oder auf unentschuldbare Unkenntnis des Zusammenhangs zurückgeht, wir wissen auch, daß Karl Kraus seinen Ausspruch gleich damals, als er ihn tat, via facti dementiert hat und daß ihm zu Hitler sehr wohl etwas eingefallen ist, ein ganzer, an die 300 Seiten starker Band, der seit 1952 unter dem Titel »Die dritte Walpurgisnacht« vorliegt. Er entstand 1933 und hätte damals als Heft der »Fackel« erscheinen sollen. Die Gründe, warum das nicht geschah, die geistig unwidersprechlichen und moralisch unantastbaren Gründe, aus denen Karl Kraus lieber auf ein Erscheinen der »Fackel« verzichtete, als auch nur einen einzigen Menschen zu gefährden, sind im Druck nachzulesen und ließen sich etwa auf die Kurzformel bringen: Mir fällt zu Hitler nichts ein, außer daß ich alles, was mir zu Hitler einfällt, jetzt nicht veröffentlichen darf.

Das andre der beiden Mißverständnisse ereilte ihn 1934, als er nach dem blutig unterdrückten Aufstand des sozialdemokratischen Schutzbundes für die blutigen Unterdrücker eintrat und damit, so schien es, eine politische Schwenkung vollzog. Jahrzehntelang war er den österreichischen Sozialdemokraten nahegestanden, manchmal kritisch und tadelnd, manchmal sogar grollend, aber doch immer mit grundsätzlicher Sympathie – und nun machte er plötzlich gemeinsame Sache mit einer autoritären Gewaltherrschaft, mit dem klerikalen Ständestaat, dem »schwarzen Faschismus«, den die zerschlagene Sozialdemokratie als ihren eigentlichen, als den in erster Linie hassens- und bekämpfenswerten Todfeind betrachtete. Karl Kraus vermochte sich diesen emotional eingeengten Betrachtungswinkel nicht anzueignen, ja er bekämpfte, in unentrinnbarer Konsequenz einer für richtig erkannten Haltung, nicht die eigentlich illegalen Machthaber, sondern die von ihnen in die Illegalität oder in die Emigration gezwungene Führungsschicht der sozialdemokratischen Partei.

Es ist hier nicht zu untersuchen, ob seine Haltung als solche richtig war oder nicht, ob die nachmalige politische

Entwicklung ihm recht oder unrecht gegeben hat, ob Dollfuß und Starhemberg und Schuschnigg die Totengräber Österreichs waren oder ob man an sie als an die ehrlich und verzweifelt um Österreichs Rettung bemühten Nothelfer glauben durfte. Daß Karl Kraus ehrlich und verzweifelt an sie geglaubt hat, steht in jedem Fall außer Frage. Und eben das haben ihm viele seiner Anhänger *nicht* geglaubt. Sie hielten, was in Wahrheit eine gewiß anfechtbare, aber unter den damals gegebenen Umständen immer noch erfolgversprechende Politik des kleineren Übels war – sie hielten das Einschwenken auf diese Politik für eine schmähliche Preisgabe alles dessen, was ihnen Karl Kraus bis dahin beigebracht und vorgelebt hatte, für einen opportunistischen Gesinnungswandel, für Häresie und Verrat. Das nahmen sie ihm übel, das schockierte und enttäuschte und erschütterte sie, das konnten sie ihm nicht verzeihen. Ich kenne Fälle unter meinen Generationsgefährten, die an dieser Enttäuschung bis heute laborieren und leiden, bei denen sich diese Erschütterung bis in die Tiefe ihrer menschlichen Existenz ausgewirkt hat, die von diesem Schock ein regelrechtes Trauma zurückbehalten haben. Denn daß sie ihm, Karl Kraus, dem Abgott ihrer Jugend, etwas nicht verzeihen konnten – darüber kommen sie nicht hinweg.

Um die für eine heutige Generation vermutlich unglaubwürdige Wucht solcher Auswirkungen zu verstehen, muß man sich vorstellen können, welch enormes Ausmaß die Verehrung für Karl Kraus besonders unter den jungen Menschen seiner Zeit erreicht hat. Mir ist nichts annähernd Ähnliches bekannt geworden, den Sonderfall Stefan George vielleicht ausgenommen. Kurt Wolff, eine Zeitlang Verleger der Schriften von Karl Kraus, hat mir 1964 einen Beitrag für das FORVM zur Verfügung gestellt, in dem er diese merkwürdige, vielfach überlagerte Ähnlichkeit herausarbeitete – nicht ohne darauf hinzuweisen, daß der Kreis um Stefan George völlig anders strukturiert und George selbst eine andersartig elitäre Erscheinung war. Demgegenüber hatte die Strahlkraft, die von Karl Kraus ausging, etwas nahezu Missionarisches an sich, und ich bezweifle, daß es jemals wieder einen Schriftsteller geben wird, der jugendliches Verehrungsbedürfnis so überwältigend auf sich ziehen könnte wie Karl Kraus. Ich bezweifle das schon mangels Vorhandenseins jugendlichen Verehrungsbedürfnisses. Zur Zeit des Wirkens von Karl Kraus hat es noch existiert, und Karl Kraus war sein denkbar bester Anreger und Empfänger.

Meine Damen und Herren, Sie sind in keiner oder nur in sehr geringer Gefahr, daß ich der Lockung, die einem von eigenen Reminiszenzen gespeisten Vortrag innewohnt, allzu leichtfertig nachgeben und allzu beflissen von mir selbst sprechen werde. Aber im jetzt gegebenen Kontext glaube ich das immerhin dadurch rechtfertigen zu können, daß ich nicht nur als lebender Zeuge jener Zeit und jenes Wirkens zu Ihnen spreche, sondern als einer der wahrscheinlich letzten Überlebenden, die mit Karl Kraus in späteren Jahren noch persönlichen Umgang hatten.

Seinem Werk war ich schon sehr viel früher begegnet, erstmals um 1921, als ich ungefähr dreizehn Jahre alt war, also in einem Alter, in dem man das Universum als Privatgeheimnis entdeckt, in dem man auf jede neue Seligkeit, auf Liebe, Sternenhimmel und Musik mit der vehementen Gewißheit reagiert, als erster dahintergekommen zu sein, und das muß man doch rasch den Anderen sagen, den Ahnungslosen. So ähnlich verhielt es sich mit meiner Reaktion auf ein Heft der »Fackel«, das mir beim Kramen im Bücherschrank meines Vaters zufällig in die Hand fiel – ein nicht mehr ganz neues Heft, noch aus der Zeit des Ersten Weltkriegs stammend und von Themen handelnd, zu denen ich keinen sachlichen Zutritt hatte. Trotzdem »verstand« ich sofort, was da gemeint war und worum es da ging, wie man ein großes Schauspiel oder einen großen Schauspieler auch in einer fremden Sprache versteht. Alles, was ich in dieser »Fackel« las, leuchtete mir ein und bezwang mich: die Empörung, das Pathos, die Aggressivität, der Witz, die Überlegenheit, alles. Nicht nur »verstand« ich's, sondern ich war sicher, daß niemand außer mir es verstände. Ich hatte Karl Kraus entdeckt. Und ich war von meiner Entdeckung so hingerissen, war ihr so völlig verfallen, daß ich von Stund an alle jene, die Karl Kraus nicht gelten lassen wollten, entweder für Dummköpfe oder für Lügner hielt. Erst viele Jahre später merkte ich, daß sie es wirklich waren.

Im Rückblick aus meinem heutigen, vielleicht nicht sonderlich gereiften, aber jedenfalls gealterten Anschauungsvermögen will mir immer noch scheinen, daß ich damals ein gutzuheißendes Verhalten an den Tag gelegt habe, oder doch ein damals gutzuheißendes. Und ich darf mich darauf berufen, daß ich keineswegs der einzige war, dem es in jenen Zwischenkriegsjahren mit Karl Kraus so ergangen ist. Er hat viele meiner Altersgenossen, und nicht die schlechtesten, in seinen Bann geschlagen. Wir waren begeisterte, ja fanatische Kraus-Partisanen – seine Gegner nannten uns verächtlich »Krausianer« und ihn selbst den »Fackel-Kraus« –, wir erkoren ihn zu unserem Leit- und Vorbild, wir machten uns seine literarischen Urteile restlos zu eigen und duldeten keinen Widerspruch gegen sie. Nein, duldsam waren wir nicht. Begeisterung und Duldsamkeit lassen sich ja auch nur schwer vereinbaren.

Und man muß bedenken, daß uns mit Karl Kraus ein Elementarereignis zugestoßen war, etwas völlig Einmaliges, wie es uns weder von unserer Erziehung noch vom gesellschaftlichen Zustand her geboten wurde: eine frei gewählte Instanz, die uns mit absoluten Maßstäben für Wert und Unwert versah, für Wahrheit und Lüge, für Bemühung und Schwindel. Das abgedroschene Klischee vom »Literaturpapst« – auf Karl Kraus traf es unklischiert zu. Wir waren in der Tat von seiner Unfehlbarkeit überzeugt und leisteten ihm blindlings Gefolgschaft.

Aber man lasse sich hier zu keinen oberflächlichen Parallelen verleiten, man interpretiere den tosenden Jubel, der ihm in seinen immer ausverkauften Vorlesungen entgegenschlug, nicht als Massenhysterie, die sich vielleicht auch in andere, gefährliche Kanäle hätte umleiten lassen. Eben nicht. Denn es war kein manisch entmenschter »Führer«, der da befahl, und die ihm folgten, taten es nicht unter rünstigem Gebrüll. Sie folgten ihm in die stille Erhabenheit des »Abendlieds« von Matthias Claudius, in den Zauber Shakespeare'scher Märchenwälder, in die schwerelose Anmut der Offenbach'schen Operettenwelt, in den sprachwitzigen Kosmos, der sich bei Nestroy zu ebener Erde und im ersten Stock auftat, sie folgten ihm überallhin, wo Geist von seinem Geiste war, und seinem eigenen folgten sie am liebsten.

Gewiß sind manche, die ihm blindlings folgten, blind geblieben. Einer seiner nächsten, getreuesten Freunde – er und sein Name mögen in Frieden ruhen – nannte ihn einmal, flüsternd und hoffnungslos ergeben, einen Weltblick-Versteller. Karl Kraus hat keine Augen geöffnet. Aber er hat, was seltener und kostbarer ist, offene Augen sehen gelehrt. Und jene, für die er damit zur geistigen Instanz geworden war, hielten fortan den Blick ihrer offenen Augen mit dem der seinen konfrontiert, gaben sich willig und zweifach gesichert der Überwachung durch ein inneres Kontrollorgan hin, das ihnen unlöslich mit dem Namen Karl Kraus verbunden blieb. Eine kleine Anekdote mag die Intensität dieser Verbundenheit illustrieren.

Es war wenige Monate nach seinem Tod, wir saßen im Kaffeehaus, Alfred Polgar, den er sehr geschätzt hatte, die heute hochbetagt in Amerika lebende Schriftstellerin Gina Kaus, mit der ich oft an seinen Tisch gekommen war, und noch ein paar andere. Das Gespräch zog sich bis zur Sperrstunde hin, man erwog, in ein länger geöffnetes Kaffeehaus zu übersiedeln, aber Polgar lehnte ab. Er müsse, so sagte er, morgen zeitlich aufstehen – und hätte natürlich »zeitig« sagen müssen. Das wurde ihm von Gina Kaus auch prompt vorgehalten. »Ein Polgar sagt zeitlich?« fragte sie ungläubig. Polgar zuckte zusammen, dann behalf er sich mit einer abtuerischen Handbewegung: »Ach was. Jetzt, wo der Kraus tot ist...«

Deutlicher hätte sich kaum bekunden lassen, daß Karl Kraus nicht tot war. Er wirkte weiter und wird weiterwirken für alle, die jemals in den Bannkreis seines Wirkens geraten sind.

Mit diesem Bannkreis nun, und nicht bloß mit dem unmittelbar persönlichen um Karl Kraus, sondern mit seinem Wirkungskreis in weitestem Betracht, mit dem Resonanzboden, auf den sein Wirken auftraf und von dem er immer neue Anregungen zurückbezog – mit alledem hatte es eine besondere Bewandtnis, die nicht übergangen werden darf, wenn man sich über Karl Kraus in seiner Zeit klar werden will. Kreis und Resonanzboden waren nämlich zu weitaus überwiegendem Teil jüdisch. Ob sich das auch jenseits der altösterreichischen Grenzen so verhalten hat, wüßte ich nicht mit Sicherheit zu sagen. Innerhalb des einstmals schwarzgelben Kulturraums – und hier kann ich mich auf eigene Anschauung stützen – waren die Vorlesungen von Karl Kraus, ob in Wien, Prag, Brünn oder wo immer, beinahe ausschließlich von Juden besucht. Das »beinahe« als permanente Einschränkung vorangestellt, bestanden seine Anhänger und seine Gegner aus Juden, er wurde von Juden geliebt und gehaßt, von manchen geliebt, weil er Jude war, von manchen gehaßt, weil er's nicht sein wollte, die von ihm Angegriffenen und die ihn angriffen, waren Juden, und die es beiden Seiten vergönnten, erst recht. Und niemand fand etwas Ungewöhnliches dabei, weder die Juden selbst noch die im gleichen Humus wurzelnden Nichtjuden.

Denn in jenen Jahren – man muß sich das immer wieder vergegenwärtigen, weil es organisch zu Karl Kraus und seiner Zeit gehört – war der jüdische Anteil am geistigen, am künstlerischen, am kulturellen Leben Österreichs und der Nachfolgestaaten so groß, daß er, zumindest von den Normalgesinnten, als etwas durchaus Normales hingenommen wurde. Die Selbstverständlichkeit, mit der Karl Kraus auf jüdische Sitten oder Unsitten anspielte und jüdische Jargonausdrücke als satirisches Mittel einsetzte, ohne zu überlegen, ob sie auch jedermann bekannt wären, ist ein zwingender Beweis, daß er ihre Kenntnis als etwas Normales voraussetzte. Und es liegt, wie ich fürchte, an der seither eingetretenen Hinfälligkeit dieser Voraussetzung, wenn viele seiner Satiren heute nicht mehr verstanden werden, es liegt an der Unkenntnis ihrer jüdischen Komponente, nicht an der Unkenntnis ihrer Anlässe; die waren schon zur Entstehungszeit »überholt« und hatten schon damals keine andere Funktion als die Auslösung eines polemischen Reflexes, der für sich selbst Gültigkeit besaß.

Ich möchte die soeben ins Treffen geführte Selbstverständlichkeit, die im Grund eine (obschon leicht pervertierte) Art jüdischen Selbstverständnissees war, eine in ihre eigene Atmosphäre versponnene, selbstironisch übersteigerte Exklusivität, in deren Vorstellungswelt sich alles von außen Kommende einzufügen hatte – ich möchte sie abermals durch eine Anekdote illustrieren (denn ich werde von meiner Unart, Anekdoten für aufschlußreich zu halten, nicht mehr loskommen).

Es handelt sich um eine Altenberg-Anekdote, die den zusätzlichen Reiz hat, daß sie von Karl Kraus im privaten Kreis erzählt wurde und hier zum erstenmal an die Öffentlichkeit gelangt. Ihr eigentlicher, im Rahmen jener Exklusivität fast schon exotisch wirkender Held war ein junger Schwede, Student der Germanistik an der Universität von Uppsala, der sich aus nicht näher erläuterten Gründen auf Karl Kraus und Peter Altenberg spezialisiert hatte und im Verlauf des fachlich erforderlichen Briefwechsels eine so vehemente Verehrung für sie entwickelte, daß er ihnen eines Tages seinen Besuch ankündigte – zur großen Rührung und gelinden Ratlosigkeit der beiden, die nicht recht wußten, was sie mit dem blonden Hünen anfangen sollten, der mit erwartungsvoll leuchtenden Augen vor ihnen stand und in fließendem Deutsch ein- übers andremal versicherte, daß dies der schönste Tag seines Lebens sei. Da er über diese Versicherung nicht hinauskam, bot sich als ohnehin natürlicher Ausweg eine Einladung zum Abendessen an.

Im Restaurant angelangt, fragte Peter Altenberg nach den kulinarischen Wünschen des Gastes, erfüllte sie unverzüglich und betrachtete mit väterlichem Wohlwollen den jungen Wikinger, der mit Appetit seine Mahlzeit verzehrte – und hernach aufs neue in verlegenes Schweigen fiel. Schon um ihm irgendein Ventil zu verschaffen, begab man sich in ein andres Lokal. Abermals wollte Peter Altenberg wissen, was er dem lieben Gast bestellen dürfe, der nach beendetem Schmaus abermals in stummer Hünenhaftigkeit dasaß und mit verehrungsvollen Blicken dem Gespräch seiner beiden Gastgeber lauschte.

Der Vorgang wiederholte sich in einem dritten Lokal, wo es dem schwedischen Jüngling allerdings schon deutliche Schwierigkeiten bereitete, noch eine dritte Mahlzeit zu meistern. Als ihm aber Peter Altenberg auch nach dem vierten Lokalwechsel, kaum daß sie Platz genommen hatten, aufmunternd auf die Schulter schlug und ihn fragte, was er denn essen wolle, rang sich der bis dahin so widerspruchslos Folgsame zu einem zögernden Aufbegehren durch und erklärte, daß er keinen Hunger mehr hätte.

»Was heißt das?« dröhnte Peter Altenberg. »Junger Goj muß essen!«

Meine Damen und Herren, ich bitte Sie recht sehr, mir aus dem vorsätzlichen Verzicht auf wissenschaftliche Trockenheit nicht allzu hurtig den Strick der Unseriosität zu drehen. Ich bin mir durchaus klar darüber, daß die kleinen Genrebilder, die ich Ihnen vorgeführt habe, das Thema nur illustrieren und nicht durchdringen. Dennoch ist es keine bloße Oberfläche, an der sie haften bleiben, es ist vielmehr – und zwar wirklich viel mehr – der Vordergrund dessen, was ich als »jüdische Bewandtnis« bezeichnet habe. Wie steht es nun um ihre Hintergründigkeiten? Was ist das eigentlich Jüdische an Karl Kraus?

Man hat seine Einstellung zum Judentum, man hat die Schärfe, die Bitterkeit, die Rücksichtslosigkeit der Satire, mit der er gegen Juden und Jüdisches zu Felde zog, nicht selten aus einem Phänomen abzuleiten versucht, das Theodor Lessing als »jüdischen Selbsthaß« erkannt hat. Man nannte ihn einen jüdischen Antisemiten – und manche Szenen aus den »Letzten Tagen der Menschheit«, in denen sich die lumpige Abscheulichkeit jüdischer Schieber und Kriegsgewinnler und Korruptionisten offenbart, hätten tatsächlich ganz genau so, wie Karl Kraus sie geschrieben hat, in Julius Streichers vulgärantisemitischem »Stürmer« erscheinen können. Er hat tatsächlich (und aus intimster Wahrnehmung) über jüdische Takt- und Charakterlosigkeit so Unbarmherziges und schon im Tonfall so mörderisch Treffendes gesagt, wie es keinem geschulten Antisemiten jemals geglückt wäre. Er hat nicht liebevoll zurechtgewiesen, sondern spöttisch und höhnisch.

Das alles mag richtig sein, aber es ist nicht schlüssig. Schlüssig kann es nur aus der Zeit verstanden werden, in der es geschah; und wir sind für solches Verständnis heute um so besser gerüstet, als sich in unseren Tagen ein Renaissanceprozeß jüdischer Selbstachtung und Selbstbehauptung vollzogen hat, die es damals nicht oder nur ansatzweise gab und aus deren retrospektiver Sicht ihr damaliges Gegenteil in historisch geklärtem Licht erscheint.

Ich meine die damalige Bereitschaft des emanzipierten, assimilationswilligen, assimilationsgierigen Westjuden, sich über seine Ursprünge, denen er längst entfremdet war und die er für etwas degoutant Ostjüdisches hielt, möglichst glatt hinwegzusetzen und alles, was sie ihm in Erinnerung rief, als Aufdringlichkeit zu empfinden, als eine der vielen »typisch jüdischen« Eigenschaften, mit denen er nichts zu tun haben wollte und über die man sich gar nicht demonstrativ genug lustig machen konnte. Diese Bereitschaft gehört zu den gängigen Verhaltensweisen der liberalen Epoche, als deren Produkt sich Karl Kraus gerade dort erwiesen hat, wo er ihre Defekte aufs Korn nahm, die weitgehend mit wirklich oder vermeintlich jüdischen Defekten koinzidierten. Gewissermaßen handelte es sich um einen zugleich liberalen und jüdischen Selbsthaß, und vielleicht weniger um Selbsthaß als um Selbstironie, die ihrerseits wieder dem vorhin umrissenen jüdischen Anteil am öffentlichen Leben jener Zeit entsprang. Daß es ein großer Anteil war, habe ich schon gesagt. Er war nicht nur groß genug, um als etwas Normales hinzugehen, er war auch stark genug, um jüdische Selbstkritik hervorzurufen und zu verkraften. Wo aber Ironie und Kritik tatsächlich in Haß umschlugen, war es gerade bei Karl Kraus ein so umfassend lodernder Haß gegen alle Schmach der Welt, daß er die Wahrhaftigkeit seiner Legitimation Lügen gestraft hätte, wenn er der eigenen Mitschuld ausgewichen wäre.

Ungefähr an diesem Punkt, zu dem ja auch das Pathos der Wahrhaftigkeit gehört, setzt eine andre, bemerkenswerterweise fast immer von Nichtjuden verfochtene These an, die der These vom »jüdischen Antisemiten« direkt zuwiderläuft und Karl Kraus als Nachkommen der großen jüdischen Propheten sieht, seinen Zorn als alttestamentarischen Eifer, seine

Untergangsvisionen als einen beschwörend in die Wüste geschleuderten Ruf zur Einkehr und Ordnung, und, wenn's noch möglich ist, zur Rettung. Auch diese These, obwohl ich ihr mehr Geschmack abgewinnen kann als der andern, überzeugt mich nicht, und ihre Verfechter, so fürchte ich, haben entweder Karl Kraus oder die Bibel mißverstanden. Nicht jeder, der da eifert, ist ein Prophet, nicht jeder, der zur Ordnung ruft, meint die Ordnung des Alten Testaments. Ich hege keine Zweifel, daß Karl Kraus sich eher den alten jüdischen Propheten zugehörig gefühlt hat als der »Neuen Freien Presse«. Ich bezweifle nur, daß er aus dieser Zugehörigkeit definiert werden kann.

Aber von hier aus läßt sich vielleicht nach dem tieferen Grund seiner jüdischen Zugehörigkeit loten, einem so viel tieferen Grund, daß die Frage gerechtfertigt erscheint, ob Karl Kraus ihn überhaupt gekannt hat. Denn die Sphäre, in der dieser Grund beschlossen liegt, entzog sich – nicht zuletzt aus liberalistischer Usance – seinem Interesse. Es ist die Sphäre der jüdischen Theologie. Gershom Scholem, der eminente Religionswissenschaftler der Universität Jerusalem, hat in einem 1973 in Salzburg gehaltenen Vortrag über den Offenbarungsbegriff des Judentums die großartige Formulierung gefunden, daß die Annahme eines bildlosen Gottes durch die Juden einer der revolutionärsten Schritte in der Menschheitsgeschichte war, und hat aus der solcherart entstandenen »Unanschaulichkeit der Welt« den Schluß auf die überragende Bedeutung des Wortes gezogen, den Schluß, daß für den Juden die Schöpfung schlechthin *aus dem Wort* besteht. Und das tut sie – mutatis mutandis, mà non troppo – auch für Karl Kraus. Das eigentlich Jüdische an Karl Kraus ist seine Wortgläubigkeit.

Er hat es nicht gewußt und nicht gewollt. Er war ein liberaler, an seine Zeit assimilierter Jude, doch weder vom Liberalismus noch von der Assimilation geblendet. Ihm widerstrebte die Gegend, aus der sein Assimilationsbedürfnis kam, und ihm widerstrebte die Gegend, zu der es hinzielte. Wenn er die liberale »Neue Freie Presse« sah, wollte er die christlich-soziale »Reichspost« umarmen, und wenn er die »Reichspost« sah, die »Neue Freie Presse«. Und weil er im Strudel zwischen Scylla und Charybdis keinen Halt fand und keinen Grund, auch den seiner Wortgläubigkeit nicht – denn das Gute, das so nah lag, war jüdisch und konnte folglich nicht gut sein –, darum schweifte er in die Ferne und holte sich's aus dem Chinesischen. Sein Lieblingszitat war ein Ausspruch des Konfuzius, den ich jetzt wiedergeben will, mit der Bitte um Nachsicht an etwa anwesende Maoisten und mit der gleichen Ehrfurcht, die Karl Kraus ihm entgegengebracht hat.

»Wenn die Begriffe nicht richtig sind, so stimmen die Worte nicht. Stimmen die Worte nicht, so kommen die Werke nicht zustande. Kommen die Werke nicht zustande, so gedeihen Kunst und Moral nicht. Und wenn Moral nicht gedeiht, so weiß das Volk nicht, wohin Hand und Fuß setzen. Darum sorge der Edle, daß in seinen Worten Ordnung herrsche. Das ist es, worauf alles ankommt.«

Damit, meine Damen und Herren, nähere ich mich dem Ende meines Darstellungsversuchs und lasse ihn, wie sich's schickt, in seinen Beginn zurückmünden, dorthin, wo ich Ihnen vorsorglich gestanden habe, daß der Titel des Vortrags mehr verspricht, als der Vortrag halten kann. Ich füge diesem Geständnis jetzt noch ein weiteres hinzu: nämlich daß ich sehr verlockt war, mich mit der Wendung vom »Vortrag-Halten« kopfüber in die Doppelbodigkeit der Sprache zu stürzen und den doppelten Boden daraufhin abzuklopfen, ob einer, der einen Vortrag hält, in diesem Vortrag noch etwas andres halten kann, oder ob er nicht dazu gehalten ist, nicht er und nicht der Vortrag. Die Lockung, wie gesagt, war groß, aber ich habe ihr – wie so mancher andern im späteren Verlauf – nicht nachgegeben, schon aus Angst, einer leichtfertigen, ungewichtigen Wortspielerei bezichtigt zu werden, die dem Gewicht, welches dem Wort bei Karl Kraus zukommt, vielleicht Abbruch getan hätte. Es ist ein großes und schweres Gewicht. Es hängt an allem, was er geschrieben hat, und alles, was er geschrieben hat, hängt davon ab. Er hatte daran zu tragen, und es trug ihn.

Wie schwer er daran zu tragen hatte und wie hoch es ihn trug, ist in einem seiner Gedichte ausgesagt, einem seiner wenigen wirklichen Gedichte, denn er war – ich muß es riskieren, mir den Unmut seiner bedingungslosen Verehrer einzuhandeln –, er war kein wirklicher Lyriker. Aber gerade darum gehört die Lyrik zu seinem Werk. Es wäre ohne sie um jene Unvollkommenheit ärmer, die zur vollkommenen Schönheit gehört. Sie ist in der Harmonie seines Wesens der Kontrapunkt, und seltsamerweise ist dieser Kontrapunkt die einzige Harmonie, die Karl Kraus sich vergönnt hat.

In seinen Gedichten – nicht in der Spruch- und Gedankendichtung, nicht in den Aphorismen – in seinen lyrischen Gedichten, und hier allein, hat er sich der Sprache um ihrer selbst willen hingegeben, hat sie zu keinem andern Zweck geheiligt als zu dem ihrer eigenen Mittel, hat nicht um ihre Reinheit gekämpft und sie nicht kämpfen lassen gegen den Schmutz ringsum. »Ich bin nur einer von den Epigonen, / die in dem alten Haus der Sprache wohnen«, beginnt sein Gedicht »Bekenntnis«, und in der Tat: seine Lyrik war die einzige Flucht vor dem unaufhörlich kläffenden Anspruch und Ansprung der Zeit, die einzige Rettung vor Gewalttat und Getümmel, der einzige Ausweg in die Stille, den er sich dann und wann eröffnete, um im alten Haus der Sprache zu wohnen (was manchen Aftermieter, der sich dort eine Mansarde erschlichen hat, zu dem rührenden Irrtum verleitet, daß er deshalb auch schon ein Epigone sei). Jenes Gedicht aber, jenes wirkliche, wunderbare Gedicht, in welchem ausgesagt ist, wie schwer Karl Kraus am Wort getragen hat und wie hoch es ihn trug, ist in einer Sternstunde entstanden und heißt:

Nächtliche Stunde

Nächtliche Stunde, die mir vergeht,
da ich's ersinne, bedenke und wende,
und diese Nacht geht schon zu Ende.
Draußen ein Vogel sagt: es ist Tag.

Nächtliche Stunde, die mir vergeht,
da ich's ersinne, bedenke und wende,
und dieser Winter geht schon zu Ende.
Draußen ein Vogel sagt: es ist Frühling.

Nächtliche Stunde, die mir vergeht,
da ich's ersinne, bedenke und wende,
und dieses Leben geht schon zu Ende.
Draußen ein Vogel sagt: es ist Tod.

Nein, diesem Vogel war der Schnabel nicht meistersingerlich hold gewachsen. Er singt nicht. Er sagt. Für Karl Kraus – und darin liegt die edelste, die erschütterndste Hingabe an ein von Sprache erfülltes Leben – hat selbst ein Vogel nicht gesungen, sondern gesagt. Er hat alles gesagt, was es für Karl Kraus zu sagen gab, und es ist Karl Kraus, der es gesagt hat. Seine ganze Welt ist darin, sein ganzes Leben, seine ganze Zeit.

Vortrag, gehalten am 23. April 1974 in der Österreichischen Gesellschaft für Literatur (Wien) und am 26. April des gleichen Jahres in der Bayerischen Akademie der Schönen Künste (München).

Briefe, die uns leider erreichten

Karl Kraus: Briefe an Sidonie Nádherný von Borutin (1974)

Die erste Presse-Resonanz auf die höchst ungewöhnliche, schon durch ihren Umfang und ihr Register weit vom Üblichen entfernte Briefsammlung ist im Abklingen begriffen und hat bestätigt, was sensiblere Kenner des gewaltigen von Karl Kraus geschaffenen Werks a priori befürchtet hatten: daß ihm, dem Werk wie seinem Schöpfer, mit der Publikation dieser Liebesbriefe kein guter Dienst erwiesen wurde.

Extreme Verehrung, extremer Glaube an die Größe eines Mannes und an die Wichtigkeit seines jeglichen Tuns berühren sich unweigerlich – wie's eben die Gewohnheit von Extremen ist – mit dem eigenen Gegenteil.

Wäre die Herausgabe all der Briefe, Karten und Telegramme, die Karl Kraus im Verlauf von 23 Jahren an die Baronin Sidonie Nádherný gerichtet hat, von seinen Feinden und Neidern veranlaßt worden – sie hätten es nicht besser (und ihn nicht tiefer) treffen können, als seine devoten Freunde und zweifellos gutgläubigen Partisanen ihn jetzt getroffen haben.

Das in der Presse-Resonanz mitschwingende Indianerstaunen angesichts der Tatsache, daß der »große Hasser«, der »unerbittliche Kritiker«, auch lieben konnte – oder, wie es in einer Besprechung hieß: »sich je für die Liebe Zeit genommen hat« –, mag noch auf simple Ahnungslosigkeit vor dem Phänomen Karl Kraus, ja schlechthin vor dem Phänomen Mensch zurückgehen und bezeugt eine Geistesverfassung, die folgerichtig vermuten müßte, daß etwa Albert Einstein immer mit der Logarithmentafel ins Bett gegangen sei. So weit, so komisch.

Aber die triumphale Genugtuung darüber, daß »diese Korrespondenz den gallebitteren, melancholischen Satiriker auf die Erde zurückholt« (weil er doch sonst, melancholisch wie er war, in den Wolken zu schweben pflegte) oder daß sie ihn »als ungeduldigen, eifernden, galanten Liebhaber ältester Bauart« offenbare (weil Liebe bekanntlich in Bauarten eingeteilt wird); das schmatzende Behagen, mit dem die allerpersönlichsten Anrufe der Sehnsucht, der Hingabe, der Leidenschaft aus dem Kontext gerissen und dem »selbsternannten Kultur-, Sprach- und Sittenrichter« hämisch vorgehalten werden: Dies und dergleichen ist ungleich schlimmer als jene Ahnungslosigkeit. Und was das Schlimmste ist: Es war vorauszusehen und war zu verhindern.

Wie? Die Welt hat ein Recht, zu erfahren...? Einen Schmarren hat sie. Die von der Herausgeberschaft beigebrachten Hinweise, daß Karl Kraus mit einer späteren Veröffentlichung der Briefe einverstanden gewesen wäre, sind weder schlüssig noch zwingend, denn Einverständnis stellt noch keinen Auftrag dar. Und selbst über einen Auftrag hätte man sich hinwegsetzen dürfen, in die entgegengesetzte jener Richtung, in die sich Max Brod über den Auftrag Franz Kafkas, sein hinterlassenes Werk zu vernichten, hinweggesetzt hat. Die Nichtveröffentlichung dieses Werks hätte eine schmerzliche Einbuße für die Welt bedeutet. Die Veröffentlichung der Liebesbriefe von Karl Kraus bedeutet eine schmerzliche Einbuße für Karl Kraus. »Nie hatte ich einen edleren Versteher als Dich«, schreibt er in einem dieser Briefe. Nie hatte er grausamere Mißversteher als die für ihr Erscheinen Verantwortlichen.

»Du, Sidi, mir ist so bang...«, heißt es in einem andren Brief. Die Arglosigkeit, mit der sich ein liebender Mensch hier bloßlegt, war einem andren liebenden Menschen anvertraut und niemandem sonst. Man wird, wenn man arglos liest, von solchen Stellen bis zum Heulen gerührt sein; und bis zum Heulen wütend bei dem Gedanken, wer solche Stellen fortan beglotzen, begutachten, bekritteln darf.

Liebende haben ihre eigene Terminologie, wer wüßte das nicht. Sie verleiht den banalsten Worten originäre Bedeutung, stattet sie mit geheimen Zärtlichkeiten aus, die nur den beiden Liebenden inne und von ihnen nur füreinander bestimmt sind, sie bildet einen Teil des Schutzwalls, den sie um ihre eigene Welt errichtet haben. Wie sehr es eine eigene Welt war, wird in diesen Briefen oft und ausdrücklich gesagt. Und wie sehr diese eigene Welt sich durch Andeutungen und Anspielungen, durch Abkürzungen und Verschlüsselungen gegen den Zutritt Unbefugter, also gegen die Außenwelt, absichern wollte, ginge sogar ohne Lektüre der Briefe schon aus dem Umfang des Registerbandes hervor: 439 Seiten Erläuterungen zu 687 Seiten Text.

Zu »rezensieren« wäre allenfalls der Registerband – und leider mit keinem sonderlich positiven Ergebnis. Bei allem Respekt für die imposante Arbeitsleistung und die ungeheure Mühe, die hier aufgewendet wurde: Die Sorgfalt hat mit ihr nicht immer Schritt gehalten. Man stößt auf irrige oder unzulängliche Interpretationen, auf falsche Daten, auf falsche Zitate gar. Die Überfülle des Materials hat Fehlgriffe gewiß unvermeidlich gemacht. Aber so manches hätte sich durch Anfrage bei besser informierten Stellen – über deren Vorhandensein die Herausgeberschaft offenbar nicht informiert war – ins rechte Lot bringen lassen, und so manches, was die Erläuterungen als »nicht ermittelt« klassifizieren, wäre sehr wohl zu ermitteln gewesen. Mit den Details werden sich Philologen und Kraus-Forscher befassen – einer von ihnen, in London, hat sich bereits dazu angeschickt.

Dem Rezensenten bleibt hier nur die Feststellung übrig,

daß es an dem Briefband als solchem nichts zu rezensieren gibt. Lesern, die sich durch diese Nichtrezension vielleicht genasführt fühlen könnten, sei zum Ersatz mit ein paar sozusagen technischen Angaben aufgewartet:

Der Briefband umfaßt insgesamt 1065 Schriftstücke, manche bestehen nur aus wenigen Zeilen, manche nur aus wenigen Worten, ein Brief aus dem Jahr 1914 enthält nur ein Fragezeichen, ebenso ein Brief aus dem Jahr 1916. Zur Zeit, da sie einander kennenlernten, war Karl Kraus 39 und Sidonie Nádherný von Borutin 28 Jahre alt. Das erste der wiedergegebenen Dokumente ist ein Telegramm vom 15. September 1913, das letzte ein Brief vom 15./16. Mai 1936 (wenige Wochen vor dem Tod des Schreibers). Die Anrede »Du« scheint erstmals in einem neun Zeilen langen Brief vom 21. Dezember 1913 auf. (»Ich bin von Deinem Fieber geschüttelt. Liebste!«) Der erste halbwegs ausführliche Brief – aber auch er dürfte in der winzigen Handschrift von Karl Kraus kaum länger als eine Seite gewesen sein – stammt von Mitte März 1914. Das späterhin gelegentlich verwendete »Sie«, gekoppelt mit Anreden wie »Hochverehrte Baronin«, ist vermutlich als freundliche Ironie gemeint; keinesfalls drückt es eine Spannung oder gar Entfremdung aus. Das distanzierende »man«, eine in Adelskreisen nicht ungebräuchliche Form der indirekten Anrede oder Bezugnahme, könnte von Baronin Nádherný in die Korrespondenz eingeführt worden sein; zwei der seltenen Stellen, die Karl Kraus aus ihren Gegenbriefen zitiert, lassen diese Vermutung zu. Die Dokumentation des Jahres 1918 besteht größtenteils – bis zum Mai ausschließlich – aus Telegrammen. 1922, nach mehr als 500 Seiten und 745 Schriftstücken, fehlt erstmals eine Anrede am Briefbeginn; dabei bleibt es – mit zwei Ausnahmen – bis 1936, bis zum letzten Brief.

Und bis zum letzten Brief behält Karl Kraus die um 1900

abgeschaffte »Th«-Schreibung bei, auf die er im Druck verzichten mußte. Deutlicher hätte er die private Welt dieser Liebesbeziehung von der Welt seines öffentlichen Wirkens nicht scheiden können.

Nur sehr sporadisch kommt er auf die Arbeit zu sprechen, die ihn gerade beschäftigt, auf deren Anlässe und Ursachen, auf Zeitereignisse. Die Veröffentlichung einer behutsamen Auswahl aus diesen sehr wenigen Briefen wäre zu rechtfertigen gewesen. Für fast alle anderen, für gut 1000 der 1065 Dokumente, gilt das in keiner Weise. Sie gehören nicht zu seinem Werk. Sie gehören seiner Person. Ihre Veröffentlichung ist ein Einbruch in die Privatsphäre eines Menschen, der sein Leben lang gegen solche Einbrüche und gegen die Übermacht der Einbrecher gekämpft hat. Jetzt, im Jahr der hundertsten Wiederkehr seines Geburtstags, hat er den Kampf verloren.

Karl Kraus: *Briefe an Sidonie Nádherný von Borutin.* Zwei Bände. Kösel Verlag, München, 1974.

Nichts geschieht wirklicher als in meinem Kopf

Die Briefe der Else Lasker-Schüler (1969)

Dem wahren Kunstwerk wird auch die sorgfältigste, die kenntnis- und verständnisreichste Analyse nicht auf den Grund kommen. Immer bleibt ein unauslotbarer Rest, von dem die eigentliche Verzauberung, die eigentliche Strahlkraft ausgeht. Fast könnte man sagen, daß sich an diesem Rest die Wahrhaftigkeit des Kunstwerks erweist.

Die Briefe der Dichterin Else Lasker-Schüler, die jetzt in einer zweibändigen Auswahl vorliegen, sind ein solches Kunstwerk und sind es deshalb, weil sie mit dem lyrischen Œuvre wie mit der menschlichen Erscheinung ihrer Verfasserin in vollkommenem Einklang stehen:

Mein Herz ist verhungert
Meine Seele ist zerpflückt
Von einer furchtbaren Taube

Und meine Glieder gleichen irregewordenen Lilien

So hat niemand barfuß sein Herz gehen lassen

Durch die Menge
Wie ich

Mein Herz ist eine traurige Zeit
Die tonlos tickt

Und alle sind wir so traurig
Und alles trägt darum

Da mir alles dunkel
Einen bangen Schattenschleier

Es ist ein Weinen in der Welt
Als ob der liebe Gott gestorben wäre

Ich hab so Angst gekriegt vor der Welt
Wenn ich nachts aufwache, glaube ich
Ich liege in der Nacht wie im Wasser
und es geschieht etwas Wahnsinniges überall dort
Wo wir nicht hinsehen können

Hätt' ich nur die Welt überstanden!

Die kursiv gesetzten Zeilen sind Zitate aus Gedichten. Das andere sind Briefstellen. Aber ist es wirklich »anders«?

Else Lasker-Schüler lebte genauso wie sie schrieb und schrieb ihre Briefe genauso wie ihre Gedichte. Sie lebte und schrieb in einem mit Hochspannung geladenen Kraftfeld, auf dem sich die Zusammenstöße zwischen Realität und fugenlos zurechtgezimmerter Traumwelt vollzogen. An Reibungsflächen herrschte kein Mangel. Manchmal erfolgten Entzündung und Explosion nahezu selbsttätig, manchmal kam's über ein Glimmen und Glosen nicht hinaus. Aber niemals sprangen die Funken in eine falsche Richtung. Es war kein Falsch an dieser außerordentlichen Frau, die zeit ihres Lebens ein Kind geblieben ist, auch dort – und gerade dort –, wo sie sich als uralter Bestandteil eines uralten Volkes fühlt:

»Und immer, immer noch der Widerhall / In mir / Wenn schauerlich gen Ost / Das morsche Felsgebein / Mein Volk / Zu Gott schreit«, sang sie in den 1920 erschienenen »Hebräischen Balladen« – und kann zur gleichen Zeit einen ihrer Korrespondenzpartner fragen: »Sind Sie, wie ich es bin, ewig 14jährig?«, kann einem andern vollkommen sachlich mitteilen: »Ich werde morgen 202 Jahre alt«, kann von einem dritten sagen: »Er kennt mich nur gewandlich aber nicht meine Sterne und meine Düsterkeiten dazu gehört das Kennen tausendjähriger Augen«, und kann den Brief an einen vierten mit dem sehnsüchtigen Seufzer abschließen: »Ich wollte, ich wär Jemand sein Kind!«

Da kein Jemand sich fand, ist sie ihr eigenes Kind geworden und hat sich ihre eigene Wirklichkeit gebaut, ein farbentolles Traumreich in einem phantastischen Orient, wo sie als »Jussuf, Prinz von Theben« oder als »Tino von Bagdad« über die von ihr ernannten Vögte und Kalifen und Bischöfe herrschte, wo es keinen Unterschied zwischen Hebräisch und Arabisch gab, wohl aber ein von ihr selbst erfundenes »Syrisch« (das auch in ihre Briefe einfloß), und wo in streng geordneter Hierarchie auch Inkas und Indianer Platz fanden, und alle ihre Untertanen wurden reich von ihr beschenkt: »Ich werde Dir zehn weiße Elephanten schenken, meine Silbertauben, meine Gärten und verzuckerte Rosen, Salbengefäße, meine 3 Sudanneger und meinen Ring in dessen Stein sich der Himmel spiegelt.«

Sie hat auch ganz »wirkliche« Geschenke gemacht, sich selbst und anderen, »einen neuen Gürtel und eine gläserne lila Uhrkette«, »einige bunte Glaskugeln und einen silbernen Schwan aus Schaumglas«, und war hernach immer »total ruiniert«. Aber was verschlug's. Geldnöte und Wohnungskalamitäten, Liebeskummer und Weltschmerz, Lebensangst und Hebräerstolz (»Du weißt doch, ich bin ein Jude«), jauchzendes Selbstbewußtsein und hilflose Enttäuschung hatten in ihrem Leben wie in ihren Briefen den gleichen Stellenwert und sind so wenig voneinander zu trennen oder zu unterscheiden wie ihre Briefe von ihren Gedichten, wie ihre Märchenwelt von der realen.

Manchmal, aus all ihrer Versponnenheit, glücken ihr Einsichten und Einblicke von erstaunlicher Schärfe: »Hier gibt es nette Künstlerinnen und Freudenmädchen im Café, die haben wenigstens Takt«, sehr im Gegensatz zu den Bürgermädchen, den »Corsettfabrikantentöchtern mit künstlichen Busen oder Lockenfrisuren oder Kellnerschreienden wulstigen Lippen«. Über eine neu Aufgetauchte berichtet sie: »Ulley ist eine zarte Figur aus blauem Glas, aber sie spricht affektiert, das tun Dienstmädchen aus feinem Haus«; und klagt immer wieder über ihr vergebliches Bemühen um finanzielle Hilfe: »Geld ist eine Sammlung wie eine Bildersammlung. Geiz und Undankbarkeit ist ein Paar gewesen, das man auseinanderschnitt«; und möchte immer wieder flüchten »von allen Menschen fort, die kein Gewissen haben und so pflichttreu sind nicht trauern können nur jammern nicht jubeln können nur lachen und keine Feste geben«.

Aber so müde und melancholisch der Grundton fast aller ihrer Briefe ist – kaum einer, in dem sie nicht bangt, daß sie sich »bald nicht mehr am Leben halten« könne –: es wird ihr doch stets die Rettung ins Phantastische zuteil, der Trost an bunten Gläsern und Ketten, und oft genug ein Ausgleich durch ihren kauzigen, in keiner Weise schmerzlichen Humor: Es gibt, so entdeckt sie, »Frauen, die verstehn einen gesprochenen Satz umgekehrt«. Ein ihr persönlich unbekannter Briefschreiber wird gefragt: »Sind Sie Lehrer gewesen? oder Ehemann? Beides unsympathische Berufe.«

Einem andern erzählt sie vom fallengelassenen Plan zu einem Theaterstück: »Es hieß Methusalem dessen älteste Söhne: Zwillinge 500 Jahre alt jeder, auch noch lebten. Sie konnten nur noch nein und ja sagen und verwechselten die beiden Worte stets.« Und in ihren Briefen an einen Londoner Literaturhistoriker versucht sie's mit einem monströsen Gemisch aus Deutsch und Englisch: »Wil jou erwähnen in jour Anthologie my books?« oder »I am angry so much over that Rinoceros, he ist geizig.«

Sie stand hoch in den Sechzig, als ich sie in der Zürcher Emigration kennenlernte. Aber ihre dunkelbraunen Augen brannten wie die einer Zwanzigjährigen, und ihr verschmitztes Lächeln, wenn sie auf einen Schabernack sann, war vollends jungmädchenhaft. Doch zugleich war's ein zeitlos gespenstischer Anblick, sie in ihrem schwarzen Umhängtuch die Häusermauern entlanghuschen zu sehen. Ich fragte sie einmal, ob ich sie »die Himmelshexe« nennen dürfe. Die Wortprägung gefiel ihr, die Anwendung nicht, und die Gebrauchslizenz wurde mir nur für den Eigenbedarf erteilt, nicht vor den anderen.

Vor den anderen hatte sie »Flaischlen im Herzen, Sonne in der Milz« – so sagte sie's in einem an mich adressierten Scherzgedicht (es ist in den von Friedhelm Kemp herausgegebenen »Sämtlichen Gedichten« enthalten und kommentiert). Jetzt, im zweiten der hier zu besprechenden Sammelbände, finde ich in einem 1943 in Jerusalem geschriebenen Brief die Wendung: »Ich bin ohne Sonne, nach Flaischlen, aber mit dem Mond im Herzen und dem Vielfraß im Magen.« Dieser Cäsar Flaischlen muß ihr mit seinem Lesebuchgedicht »Hab Sonne im Herzen« fürchterlich auf die Nerven gegangen sein.

Es gehört zur irisierenden (und irritierenden) Vielfalt ihrer Persönlichkeit, daß die gleiche Else Lasker-Schüler, die so unheimlich tief ins Geheimnis der »heiligen Poesie« eingedrungen ist, in ihren Briefen manchmal recht unehrerbietig mit der Sprache umgeht und plötzlich drauflosreimen beginnt wie irgendein bierulkiger Dilettant: »Der erste Bogen war noch fein / In den zweiten biß ein Dachs hinein« oder »Vorgestern kam ich an aus Wien / Denn von Triest ging ich dorthin«. Oder sie verfällt in den heimischen Wuppertaler Dialekt (den sie »richtiger« schreibt als das richtige Deutsch) und bemerkt von einem Brief: »Eck schriewe ömm in die Kaschemme / Eck sitz dort jerne, bin eck in die Klemme«. Und noch 1942 in Jerusalem: »Verzeiht, Adon, in dieser Zeit / Näht man aus Lumpen sich ein Kleid / Und schreibt auf Fetzen einen Brief / Er kommt ja nicht in ein Archiv«.

Nun: Er kam. Im übrigen ergab sich aus ihrer Begegnung mit dem wirklichen Jerusalem, mit »Gerusalemme unserer frommen Stadt«, wo sie ihre letzten Lebensjahre zubrachte, weder Bestätigung noch Ernüchterung. Es störte sie nicht. Sie träumte an Ort und Stelle weiter (»Nichts geschieht wirklicher als in meinem Kopf«). Freunde erzählen, daß sie einmal auf einen arabischen Eseltreiber, der sein Tier prügelte, mit geschwungenem Regenschirm und mit dem Ausruf »Allah il Allah« losstürzte, denn das war ihr gesamter arabischer Wortschatz. Es störte sie nicht.

Bleibt noch zu vermerken, daß unter den Empfängern ihrer Briefe sich Martin Buber und Ludwig von Ficker befinden, Richard Dehmel und Paul Zech, Franz Werfel und Gottfried Benn und Max Brod (ihre Briefe an Karl Kraus sind gesondert erschienen), daß die einzigen durch und durch ernsthaften, sozusagen »erwachsenen« Briefe an ein Kind gerichtet sind, an das Töchterchen des Schauspielers Kurt Horwitz, das »liebe Ruthchen« (»von Deiner Freundin Else Lasker-Schüler«); und daß die Herausgeberin der beiden Bände, Margarete Kupper, mit Auswahl, Anordnung und Anmerkungsapparat bewundernswerte Arbeit geleistet hat.

»Ich schreib Ihnen das nur, Herr Minister«, heißt es in einem Brief an den damaligen (1930) preußischen Kultusminister Grimme, »da ich nicht nur so einen üblichen Brief schreiben möchte an Sie ... Ich bin kein üblicher Mensch.«

Und das ist wahrhaftig das mindeste, was sich über Else Lasker-Schüler sagen läßt.

Else Lasker-Schüler: *Lieber gestreifter Tiger.* Briefe I. Herausgegeben von Margarete Kupper. Kösel-Verlag, München, 1969.
Else Lasker-Schüler: *Wo ist unser buntes Theben.* Briefe II. Herausgegeben von Margarete Kupper. Kösel-Verlag, München, 1969.

Ein schwieriger Herr

Zum 70. Geburtstag Alexander Lernet-Holenias (1967)

Der Dichter Alexander Lernet-Holenia – das merkt man besonders deutlich, wenn man über ihn schreiben soll – ist ein schwieriger Herr. Und manchmal scheint mir zwischen diesen beiden Grundzügen seines Wesens ein so inniger Kausalnexus zu bestehen, daß ich mich frage, ob sie nicht miteinander identisch sind, ob er nicht einfach deshalb schwierig ist, weil er nicht umhin kann, ein Herr zu sein. Er macht's einem nicht leicht, weder persönlich noch literarisch.

Nun: mit den persönlichen Schwierigkeiten, die man von ihm zu gewärtigen hat, wird man sich früher oder später arrangieren (und wer das nicht fertig bringt, suche sich gefälligst einen andern Umgang). Persönlich schwierig zu sein, ist sein gutes Recht. Literarisch schwierig zu sein, ist sein schlimmes Schicksal, das Schicksal einer enormen Begabung, der stärksten, die nach der Tausendjährigen Zäsur von 1938 bis 1945 in Österreich übriggeblieben war und die in ihrem Kern wie in ihrem Umfang, in ihrer Substanz wie in ihren Möglichkeiten – obschon nicht immer in deren Wahrnehmung – zu den überhaupt stärksten des deutschen Sprachraums gehört.

Dazu würde die bloße Vielfalt nicht ausreichen. Wert- und Feingehalt eines literarischen Talents, sein spezifisches Gewicht sozusagen, ermißt sich erst an der Kompetenz, mit der es seine Vielfalt bestätigt. Sind wir nicht schon zu betrübten Zeugen manch eines Romanciers geworden, der partout auch als Lyriker gelten wollte? Haben wir nicht schon gramgebeugt mitangesehen, wie manch ein zünftiger Dramatiker aus seiner Zunft ausbrach, um miserable Prosa zu produzieren? Alexander Lernet-Holenia ist in allen literarischen Ausdrucksformen zu Hause; oder wie man bei ihm, dem Kavallerieoffizier des Ersten Weltkriegs, füglich sagen darf: er ist in allen Sätteln gerecht. Er hat wunderschöne Gedichte geschrieben (deren eindringlich eigener Tonfall noch von Rilke gepriesen wurde) und hat in Versen von großartiger Attitude mit »Germanien« abgerechnet. Er hat gleich für sein erstes Theaterstück, die Komödie »Ollapotrida«, den damals (1926) vielbegehrten und hochangesehenen Kleist-Preis bekommen. Er vermag sich in grundgescheiten, meisterhaft komponierten Essays mitzuteilen (aber auch in Briefen, und zwar in sorgfältig handgeschriebenen: was von etlichem Aufschluß ist). Er weiß polemisch seinen Mann zu stellen und weiß die ein wenig in Mißkredit geratene Gattung des Feuilletons mit neuem Glanz auszustatten, wenn er sich Themen wie »Über das Einnehmen von Mahlzeiten im Zuge« oder »Schilderung eines Besuchs im Museum« vornimmt. Und die Romane und Novellen, die er im Lauf der Jahre aneinandergereiht hat, lassen sich kaum überblicken: von der »Nächtlichen Hochzeit« und den »Abenteuern eines jungen Herrn in Polen« über »Jo und der Herr zu Pferde«, »Ich war Jack Mortimer« und »Riviera« bis zu den »Wegen der Welt«, dem »20. Juli« und der »Neuen Atlantis«.

Manchen dieser willkürlich ausgewählten Titel mag man immerhin einen Hang zum Mondänen und seinen leicht versnobten Spielarten anmerken, aber es wäre eine höchst oberflächliche Anmerkung, die sich mit solcherlei Charakteristik zufrieden gäbe. Was Lernet-Holenia zu sagen hat, reicht tief unter jedwede Oberfläche hinab, bis ins Unheimliche oft, bis zu einer oszillierenden, im rechten Sinn tiefgründigen Durchdringung von Leben und Tod, von Traum und Wirklichkeit. Das gibt seinen Meisterwerken – der »Standarte« etwa, oder den »Beiden Sizilien«, oder dem »Baron

Bagge« – ihr besonderes, unverwechselbares Gepräge, unverwechselbar auch vom Stil her, dem eine im Deutschen nur ganz selten anzutreffende Latinität eignet (Latinität, nicht Italianità – obgleich Lernet-Holenia auch zum Italienischen gute Beziehungen unterhält und unter anderem Manzonis berühmten Roman »Die Verlobten« übersetzt hat).

Nicht minder unverwechselbar, ja typisch für ihn, sind die »großen Stellen«, die sich fast in jedem seiner Romane finden und die das Gefüge selbst des kompaktesten von ihnen mit wahrer Urgewalt sprengen: erratische Blöcke in einer sonst durchaus absehbaren literarischen Landschaft. Der Zug der Krebse im »Mars im Widder«, die zwielichtig transparenten Naturschilderungen in den »Inseln unter dem Wind«, die unversehens aus dämonischer Vergangenheit in eine neblige Gegenwart heraufgeholte Pilatus-Szene im »Graf von St. Germain« sind solche Stellen, solche Blöcke, solch unheimliche Meisterstücke. Ich glaube nicht, daß es in der deutschsprachigen Literatur des 20. Jahrhunderts einen zweiten gibt, dem Ähnliches geglückt wäre. Und ich möchte das notgedrungen lückenhafte Register all dieser Qualitäten nicht abschließen ohne den Hinweis, daß ihr Inhaber, wenn's ihm drauf ankommt, auch über einen schlechthin satanischen Humor verfügt, dem ein stelzbeiniges Dativ-E zu ebenso trefflichem Ausdrucke dienen kann wie ein kunstvoll gegliederter Periodenbau. Während unsrer mehr oder weniger gemeinsamen Zeit am FORVM habe ich Lernet-Holenia einmal dazu vermocht, etwas zu schreiben, was wir »Nachgeholte Kritiken« nannten: im Stile heutiger Literaturkritik, aber unter strikter Wahrung der jeweils zeitgenössischen Umstände besprach er, aus profundem Bildungsgut profunden Witz destillierend, »Neuerscheinungen« wie die Odyssee, Catulls Gedichte, die Edda, das Nibelungenlied.

Es ist jetzt ziemlich genau zwölf Jahre her, daß ich über Lernet-Holenia einen kleinen Aufsatz publiziert habe – nicht zur Feier eines besonderen Datums, sondern anläßlich der Aufführung eines seiner Theaterstücke. Also doch zu einem besonderen Datum. Denn seine Theaterstücke werden natürlich viel zu selten gespielt, wobei das »natürlich« sowohl auf die Gebarung des Theaterbetriebs in deutschen Landen gemünzt ist wie auf das Schicksal österreichischer Autoren innerhalb dieses Betriebs. Wäre Lernet-Holenia ein Ausländer, womöglich ein absurder, oder wäre er ein junger Deutscher, der es einem absurden Ausländer nachzutun versucht, oder wäre er politisch engagiert oder tot oder einer Gruppe zugehörig – es stünde 10:1, wo nicht gar 47:1, daß es ihm besser erginge. Lernet-Holenia ist jedoch nichts von alledem, und damit habe ich wieder zu jenem kleinen Aufsatz aus dem Jahr 1955 zurückgefunden. Damals nannte ich Lernet-Holenia den »wahrscheinlich letzten Grandseigneur« unsrer Literatur. Mittlerweile hat sich das als Falschmeldung erwiesen. Er ist es nicht »wahrscheinlich«, sondern ganz gewiß. Ebenso gewiß wird er's jetzt zu seinem 70. Geburtstag von allen Seiten zu hören bekommen. Es stimmt trotzdem.

Was aber soll's? Was bedeutet es? Was will ein Grandseigneur in der Literatur?

Eigentlich nichts, und daran liegt es ja gerade: daß er nichts »will«, auf dezidiertere Weise nichts, als es sich durch noch so dezidierte Abkehr von »Schulen« oder »Richtungen« dartun ließe. Denn auch Eigenbrötelei kann etwas Programmatisches an sich haben und sehr wohl zur Aufnahme in den »Reichsverband der Einzelgänger e. V.« berechtigen, dessen Mitgliedschaft – zumal in der heute so gern und stolz geübten Form des Nonkonformismus – ständig anwächst.

Lernet-Holenia ist kein Eigenbrötler von solcher Art. Er will nichts, weil etwas zu »wollen« der Absicht bedürfte, des Vorsatzes, der Berechnung, also sehr fragwürdiger und keinesfalls seigneuraler Voraussetzungen. Er brötelt eigen, car tel est son plaisir.

Daß dieses Plaisier die Kehrseite eines krassen Mißvergnügens ist, steht wieder auf einem andern Blatt, auf einem der vielen Blätter, die er mit allerlei Übellaunigem vollgeschrieben hat oder mit allerlei auf gängigen Erfolg Gerichtetem. Hingegen hat er sich schon lange nicht als der Dichter zu erkennen gegeben, der er ist. Oft genug in den Jahrzehnten unsrer persönlichen Beziehung konnte ich mich nur schwer des Eindrucks erwehren, daß er seine Tätigkeit auf dem Gebiet der Literatur als ein nicht ganz standesgemäßes Hobby betrachtet, als eine unschickliche, mangels Hauptbeschäftigung allzu vordringlich gewordene Nebenbeschäftigung. Aber niemals kamen mir auch nur die geringsten Zweifel an seinem dichterisch Eigentümlichsten, an seiner Lyrik, und an der Lebenswichtigkeit, die er ihr beimaß. Und es will mir scheinen, als hätten ihn der Zeiten Widernis und Ungemach an dieser seiner empfindlichsten Stelle verwundet. Einmal fragte ich ihn rundheraus, ob er denn keine Gedichte mehr schreibe, und bekam eine ebenso wehmütige wie bildkräftige Antwort: heute noch Gedichte zu schreiben, sagte er, sich heute noch im Gedicht ausdrücken zu wollen – das wäre fast so, wie wenn man ein Pferd besteigen sollte, um an ein bestimmtes Ziel zu gelangen...

Da man sich aber bei Alexander Lernet-Holenia glücklicherweise nie auskennt, ist es gut denkbar, daß in seiner Schreibtischschublade noch die schönsten Gedichte liegen und daß noch die schönste Prosa hinzukommt. Und so wahr das erreichte siebzigste Lebensjahr nichts weiter bedeutet als einen kalendarischen Buchungsvermerk: es ist ein guter Anlaß, ihm und uns zu wünschen, daß er's beim erreichten dichterischen Rang nicht bewenden lasse, sondern ihn weiterhin und immer aufs neue bekräftige.

Ich respektiere ihn, aber ich liebe ihn nicht

Antwort auf eine Umfrage zum 100. Geburtstag Thomas Manns (1975)

Thomas Mann bedeutet mir – wie sicherlich jedem in deutscher Sprache Schreibenden – sehr vieles. Aber er bedeutet es mir nicht unmittelbar. Wahrscheinlich habe ich ihm auch viel zu verdanken, aber ich käme in Verlegenheit, wenn ich das präzisieren sollte.

Ich respektiere ihn, aber ich liebe ihn nicht. Ich bewundere seine Kunst und sein Können, aber ich liebe ihn nicht. Ich blicke beinahe schaudernd zu ihm empor als zum Großmeister und Vollender alles dessen, was in unserm Jahrhundert noch als erzählende Prosa gilt. Aber ich liebe ihn nicht, und ich hatte – was mir noch schwerer zu schaffen macht – niemals das Bedürfnis, ihn zu lieben. Sowohl die persönlichen Kontakte, die sich aus der Gemeinsamkeit des amerikanischen Exils ergaben, wie die Briefe, die ich von ihm bewahre, lassen mich vermuten, daß auch er seinerseits kein Bedürfnis hatte, von mir geliebt zu werden. Und ich bitte den unfreundlichen Leser zu bedenken, wie nachhaltig solcherlei Sachverhalte auf einen um soviel jüngeren und damals überhaupt noch recht jungen Menschen einwirken müssen.

Da ich mich einer unfreundlichen Deutung dieser Zeilen ohnehin versehen habe, folgt nunmehr die Information, daß meine Vorbehalte gegen Thomas Mann aus dem gleichen Winkel kommen wie meine Vorbehalte gegen Brecht, nämlich aus dem politischen; daß ich ihm seine Erbötigkeit den Kommunisten gegenüber heftig verarge (und öffentlich verargt habe); daß ich in seiner Haltung die Wurzel manch einer intellektuellen Verwaschenheit von heute zu erblicken glaube; und daß es mich immer wieder erbittert, wenn sich die Falschen auf ihn berufen dürfen.

Und ganz gewiß haben meine Vorbehalte mich nicht gehindert (sowenig wie im Falle Brecht), seines geistigen und literarischen Rangs gewahr zu bleiben. Auch in dieser Hinsicht treibt es mich, ein wenig aus der Reihe zu tanzen und Thomas Mann für einen der größten Humoristen zu halten, die die deutsche Literatur jemals hervorgebracht hat (von seinen Meisterwerken fasziniert mich – neben den frühen Novellen – der »Felix Krull« am meisten). Er *kann* so unendlich viel. Er *kann* mit einer kleinen stilistischen Nuance literarische Berge versetzen, Geschichtsepochen umgreifen, totale Sonnenfinsternisse schaffen und totale Erleuchtungen bewirken. Wenn er im Josephs-Roman am Ende der Traumdeutungsszene die Mutter des Pharao nach einer kleinen Pause sagen läßt: »Eine barocke Geschichte!«, so hat das eine Schlüssigkeit, die unsereinen bis zum Zusammenknicken überwältigt und die ihm keiner nachmacht.

Ich habe mich oft gefragt, ob er nicht eigentlich *a writer's writer* ist – ein Schriftsteller, dessen eigentliche Qualitäten wieder nur ein Schriftsteller richtig zu schätzen weiß. Aber dafür schätzen ihn doch wohl zu viele Nichtschriftsteller, dafür ist sein epischer Atem viel zu gewaltig, dafür reichen sein Ruhm und seine Geltung viel zu weit über das Literarische hinaus.

Er war der letzte, der noch die Autorität und das Format eines Dichterfürsten besaß, der sich noch als Präzeptor gebärden durfte (was er denn auch weidlich und nicht immer zum besten getan hat). Bei der Nachricht von seinem Tod war mir zumute, als ob der Zug, in dem die deutsche Literatur einherfährt, die Lokomotive verloren hätte. Er war unser aller Repräsentant. Er fehlt mir. Aber ich liebe ihn nicht.

Ballade vom verlorenen Lächeln

Christian Morgenstern:
Ein Lächeln irrt verflogen . . .
(1976)

Ein Lächeln irrt verflogen
durch einen lauten Saal,
bis es auf einem Bogen
von schillerndem Opal
sein kleines Leben endet,
den letzten Blick noch matt
zu der herabgewendet,
die es verloren hat.

Dreierlei ist vorauszuschicken: Erstens, daß ich einer Generation entstamme, die mit Christian Morgenstern aufgewachsen ist; wer damals nicht mindestens ein Dutzend »Galgenlieder« auswendig wußte, galt als Analphabet und durfte im Kreis der literarisch Interessierten nicht mitreden. Zweitens, daß das hier zu interpretierende Gedicht *nicht* zu den »Galgenliedern« gehört, sondern zur sozusagen »ernsten« Lyrik Christian Morgensterns. Und drittens, daß er selbst sich diese Bezeichnung, ja schon die Unterscheidung als solche, vor allem aber jegliche Interpretation heftigst verbeten hätte. Es ist ein dubioses Beginnen, Christian Morgenstern zu interpretieren.

Trüge das eingangs wiedergegebene Gedicht einen Titel, es müßte »Ballade vom verlorenen Lächeln« heißen, und es wäre die kürzeste Ballade, die sich jemals so nennen durfte. Was sich in diesen knappen acht Zeilen – alexandrinisch gesetzt, wären es nur vier – an Handlung zusammenballt und an Spielraum eröffnet, ist enorm.

Schon die beiden Anfangszeilen etablieren eine Situation von geradezu bestürzender Vielfalt, fangen sie optisch und akustisch ein, vermitteln ungefähr das, was die Filmtechnik eine »Totale« nennt, am ehesten die Totale eines Ballsaals, von oben gesehen, und außer den Menschen mag auch noch Musik dazu beitragen, daß es so laut zugeht. Man könnte sich vorstellen, daß die Kamera durch das Gewühl und Gewoge fährt und nah vor einem Gesicht stehenbleibt. Es ist das Gesicht einer Frau. Ein Lächeln tritt auf ihre Lippen. Und im Augenblick, da sie es entläßt, setzt die Handlung ein.

Das Lächeln muß jemand Bestimmtem gegolten haben, einem, der darauf wartet, vielleicht seit Stunden, vielleicht seit Tagen oder noch länger. Jetzt hat es sich auf den Weg zu ihm gemacht – und kann ihn nicht finden. Weiß er nicht, daß es ihn sucht? Oder ist er des Wartens müde geworden und hat sich abgewandt? Gleichviel – es findet ihn nicht. Es verfliegt sich. Es irrt verflogen durch das Gewühl, das ihm nicht wohlgesinnt ist, in dessen lärmendem Durcheinander es untergehen wird. Schon schwinden ihm die Kräfte, schon muß es sich auf einen Bogen von schillerndem Opal retten (der Saal, kein Zweifel, ist zeitgerecht im Jugendstil gehalten). Noch einmal blickt es um sich, verzweifelt nach jenem suchend, dem es zugedacht war... aber da fällt es schon der tödlichen Ermattung anheim, da ist ihm nur noch ein letzter Blick vergönnt, herab zu der, die es verloren hat, verloren und vertan, es ist vorbei, es ist zu Ende, beides ist zu Ende, das kleine Leben des Lächelns und das kleine Gedicht, in dem so unendlich vieles sich birgt.

Oder war es ein zielloses Lächeln von Anfang an? Mußte es daran zugrunde gehen, daß die, von der es ausging, ihm keinen Sinn mitgeben konnte für sein kleines Leben? War sie selbst eine Verlorene mitten im lauten Saal, war es ein wehmütiges Lächeln, mit dem sie Ausschau hielt nach einer Stille, die es nicht gibt? Und war es das, was ihr des Lächelns letzter, matter Blick bedeuten wollte?

Was immer es bedeutet, was immer sich aus ihm herausdeuten läßt – ich glaube mit der Deutung gerade dieses Gedichts durchaus im Sinne seines deutungsfeindlichen Autors zu handeln: und zwar durch die Erkenntnis, daß es Fleisch vom Fleische und Geist vom Geiste der »Galgenlieder« ist, die ja kein schöneres Anliegen kennen als die Vermenschlichung von Begriffen, als Abstraktes sinnfällig zu machen und Gedachtes gegenständlich.

Gegenstände als solche, wie sie in den »Galgenliedern« desgleichen leibhaftig auftreten, fallen nicht in diese Kategorie. Der Stiefel, der mit seinem Knecht von Knickebühl gen Entenbrecht wandert, geht einen anderen Weg. Aber der verliebte Seufzer in der Anfangszeile: »Ein Seufzer lief Schlittschuh auf nächtlichem Eis«, oder der raffgierige Schnupfen in einer artverwandten: »Ein Schnupfen saß auf der Terrasse«, und schließlich (nun schon ganz nah am vorliegenden Fall): »Ein Glockenton fliegt durch die Nacht« – sie alle sind echtblütige Geschwister des Lächelns, das verloren durch einen lauten Saal irrt und uns von hoch oben herab wissen läßt, daß groteske Lyrik ebensogut ernst sein kann wie ernste Lyrik grotesk. Wenn sie nur ebenso gut ist. Und bei Christian Morgenstern ist sie's.

Ein Gruß vom »jungen Freund«

Zu Robert Neumanns 60. Geburtstag
(1957)

Um Robert Neumanns sechzigsten Geburtstag stilvoll zu feiern, müßte man eigentlich die Parodie eines Huldigungsaufsatzes zu Robert Neumanns sechzigstem Geburtstag schreiben. Aber das könnte doch niemand besser als der Jubilar. Lassen wir's also und werden wir persönlich.

1932 erschien im Verlag Paul Zsolnay, Wien, der zweite Sammelband Neumann'scher Parodien. Er hieß »Unter falscher Flagge« und enthielt zum Abschluß eine Parodie auf Neumann selbst, die von mir beigesteuert war. Und Neumann – nachdem er das ganze Buch hindurch seine literarischen Zeitgenossen höchst unfair behandelt hatte – stellte dieser Parodie folgendes Motto voran:

»Die nachfolgende Parodie habe nicht ich geschrieben, sondern mein junger Freund Friedrich Torberg. Ich finde sie schlecht und höchst unfair. Alt-Aussee, 1932. R. N.«

1950 erschien im Verlag Kurt Desch, München, eine Neuausgabe des parodistischen Œuvres. Am Schluß stand abermals meine Neumann-Parodie mit der Vorbemerkung von 1932, der jedoch folgende Ergänzung beigegeben war:

»Mein junger Freund Friedrich Torberg ist inzwischen um 18 Jahre älter geworden. Ich finde seine Parodie miserabel. Cranbrook, Kent, 1950. R. N.«

Schon aus diesen beiden Zitaten geht hervor, daß mich mit Robert Neumann innige Freundschaft verbindet, die sich seit mehr als einem Vierteljahrhundert ungebrochen erhalten hat. Auch durch andre Zitate läßt sich das belegen. So brachte 1955 eine Wiener Wochenzeitschrift einen längeren Aufsatz über Robert Neumann, in dem mir die folgende Äußerung zugeschrieben wurde, die ich in bezug auf Neumann getan haben soll und vielleicht wirklich getan habe:

»Neumanns literarische Stärke liegt vor allem in seinem blitzschnellen Griff nach der Aktualität und in der souveränen Pfiffigkeit, mit der er seinen technisch meisterhaften Konstruktionen den Anschein des Dokumentarischen zu geben weiß. Er ist der ungarischeste Autor der deutschen Literatur. Er bringt Dinge zustande, die kein andrer deutschschreibender Autor kann.«

Daraufhin bekam – und veröffentlichte – die Redaktion einen Brief von Robert Neumann, in dem es hieß:

»Mein junger Freund Friedrich Torberg tut unklug daran, mich durch Aussprüche wie den von Ihnen zitierten zu reizen. Ich – der ungarischeste aller deutschen Schriftsteller? Er hüte sich!«

Was mir an diesem Brief zu Herzen ging, war natürlich nicht die Aufforderung, mich zu hüten, sondern der Umstand, daß Neumann mich immer noch als »jungen Freund« apostrophierte. Nun: er hat gutes Recht dazu. Für ihn bleibe ich fast auf die gleiche Weise »jung«, wie Kinder es in den Augen ihrer Eltern bleiben. Denn Robert Neumann war einer der ersten, die mich unter ihre väterlichen Fittiche nahmen, als ich, einundzwanzig Jahre alt und naseweis in der Tat, meinen Roman vom »Schüler Gerber« veröffentlichte. Und bei dieser väterlichen Haltung ist er bis heute geblieben, obwohl ich's ihm, siehe oben, nicht immer leicht gemacht habe. Schon deshalb möchte ich mir die Gelegenheit nicht entgehen lassen, jenen Ausspruch, durch den er sich vorgeblich gereizt fühlte, zu berichtigen – weniger was das Ungarische als was das Deutsche betrifft.

Neumann ist heute nämlich nicht nur ein deutscher, sondern auch ein englischer Schriftsteller. Er ist von denen, die das Tausendjährige Reich im Exil überlebt haben, wahrscheinlich der einzige, dem die Übersiedlung in eine andre Sprache geglückt ist. Einige seiner erfolgreichsten Romane – »The Inquest« etwa oder »Children of Vienna« – wurden englisch geschrieben und dann ins Deutsche übersetzt, gingen also den umgekehrten Weg wie »Macht« oder »Struensee« oder »Sir Basil Zaharoff«, die aus dem Deutschen ins Englische übersetzt worden waren (und in eine Reihe andrer Sprachen dazu). Aber ob deutsch oder englisch, ob original oder übersetzt: es ist immer der gleiche, unverkennbare Robert Neumann, der klarsichtige Beschauer und Beobachter menschlicher Charaktere und gesellschaftlicher Zustände, dessen Scharfblick durch einen überlegenen Humor nicht etwa gemildert, sondern noch weiter verschärft wird und dessen bübische Lust an der Maskerade neben seinen Parodien noch so hinreißende Satiren hervorgebracht hat wie die »Hochstaplernovelle« oder die »Karriere«.

Über seine Positionsbestimmung in der Literaturgeschichte werden sich die gelehrten Vollbärte zu einigen haben, und ich will ihnen nicht vorgreifen. Daß er die Kunstform der Parodie zur höchsten und vermutlich unüberbietbaren Vollendung geführt hat, steht hingegen schon heute fest, und das nehme ich auf meinen Eid – auf einen sachlich befugten, weil von Robert Neumann selbst legitimierten Eid. Und ich betrachte es als einen der stolzesten Gipfel meiner an stolzen Gipfeln keineswegs reichen Laufbahn, daß Robert Neumann mich als Parodisten neben sich gelten läßt und anerkennt.

Diese Anerkennung reicht noch in die Zeit vor der Veröffentlichung meiner Neumann-Parodie zurück. Damals, um 1930, umrauscht vom Sensationserfolg der »Fremden Federn«, durchzog Robert Neumann die literarisch interessierten Gefilde Mitteleuropas mit einem fundamentalen Vortrag »Über das Wesen der Parodie«. Er entwickelte darin seine brillante These vom Unterschied zwischen Nachahmung, Karikatur und Parodie (»Parodie ist Karikatur mit den Mitteln des Karikierten«) und kam zu der Erkenntnis, daß eine Literaturgattung, die bereits ein bestimmtes parodistisches Element aufweist, eben darum nicht mehr parodiert, sondern nur noch kopiert werden kann. Den vermeintlichen Parodien auf Christian Morgenstern – so führte er an Hand des klassischen Vertreters dieser Literaturgattung aus – sei im besten Fall nichts besseres nachzurühmen, als daß sie sich unbemerkt in einen Band von Morgenstern-Gedichten einschmuggeln ließen. Eine wirkliche Morgenstern-Parodie gebe es nicht.

Neumanns Theorie traf den Nagel auf den Kopf – und hatte dennoch den Daumen gestreift, der den Nagel hielt. Es stimmte zwar, daß es keine Morgenstern-Parodie gab – aber das hieß noch nicht, daß es sie niemals geben würde. Wenn man es richtig angriff, mußte auch das parodistische Element parodierbar sein, mußte die Spirale sich um eine Wendung weiterdrehen und die parodistische »Masche« Christian Morgensterns sich aufknoten und als Masche erweisen lassen.

Kurz darauf legte ich Robert Neumann das Ergebnis meines Aufknotungsversuches vor. Und beim nächstenmal lautete die betreffende Stelle in seinem Vortrag: »Es gibt keine wirklichen, es gibt nur vermeintliche Morgenstern-Parodien – mit einer einzigen, von meinem jungen Freund Friedrich Torberg stammenden Ausnahme.« Ward solche Ritterlichkeit je erhört? Unter Schriftstellern? Ich werde es ihm nie vergessen.

Noch eine andre Erinnerung ist mir besonders teuer unter den vielen, die mich an Robert Neumann binden. Ich hatte in meiner Jugend (beträchtlich über meinen zweiten Roman hinaus) aktiven Sport getrieben und hatte es als Schwimmer und Wasserballer zu etlichem Ruhm, ja sogar zu Meisterwürden gebracht. Von daher entstand dann mein dritter Roman, »Die Mannschaft, Roman eines Sportlebens«, 1935 erschienen und, wenn man mich fragt (aber man fragt mich nicht), mein wichtigster Beitrag zur Literatur.

Im Café Herrenhof zu Wien überreichte ich Robert Neumann das ihm gebührende Widmungsexemplar – und glaubte zu merken, daß er es ein wenig mißtrauisch entgegennahm. Nach ein paar Tagen hatte er die Lektüre beendet. »Junger Freund«, sagte er, »ich muß Ihnen etwas gestehen. Als Sie mit Ihrem Buch ankamen, dachte ich: O weh, da spielt sich schon wieder ein Kaffeehausliterat als Sportler auf. Jetzt merke ich, daß Sie ein Sportler sind, der sich als Kaffeehausliterat aufspielt...«

Und im anschließenden Gespräch stellte sich alsbald heraus, daß Robert Neumann in seiner Jugend sich den gleichen sportlichen Betätigungen und Ambitionen gewidmet hatte wie ich. Damit war eine neue Gemeinsamkeit gegeben – und eine neue Rivalität. Der Ausweg, den wir schließlich fanden, befriedigte beide Teile: Neumann sollte inskünftig als der beste Schriftsteller unter den zeitgenössischen Wasserballern gelten und ich als der beste Wasserballer unter den zeitgenössischen Schriftstellern. Soviel ich weiß, sind wir bis heute die einzigen, die sich dergestalt miteinander verbunden wissen.

Es fällt mir unsagbar schwer, mir vorzustellen, daß es nun tatsächlich ein Sechzigjähriger sei, von dem ich da spreche. Denn auch ich meinerseits fühle mich ihm gegenüber noch immer als »junger Freund«. Und wenn ich ihm gar nichts andres zu danken hätte: dies danke ich ihm.

In dieser Dankbarkeit wie in jener Gemeinsamkeit (welche bei weitem nicht die einzige ist) bleibe ich ihm verbunden.

Denn dies alles ist wirklich geschehen

Robert Neumann: Der Tatbestand
(1965)

Es gibt eine Gruppe von Autoren, die durch keinerlei Jahreszahl und keinerlei gemeinsames Streben charakterisiert ist. Am ehesten erkennt man sie noch, wenn ihre Mitglieder über einander schreiben: weil sie da immer wieder von der irrigen Voraussetzung ausgehen, daß der Leser ihre privaten Wechselbeziehungen für ebenso wichtig hält wie sie selbst und unbedingt wissen will, wo das Hühnchen, das der Autor X mit dem Autor Y zu rupfen begehrt, seine Eier hingelegt hat. Im Grunde sind die Mitglieder dieser Gruppe durch nichts anderes verbunden als durch die Abneigung, zu dieser Gruppe zu gehören.

Zu dieser Gruppe gehören – in alphabetischer Reihenfolge – zum Beispiel Hermann Kesten (eine Art Fritz Kortner der Literatur), zum Beispiel Ludwig Marcuse, zum Beispiel Robert Neumann. Und ich fürchte, daß in wenigen Zeilen auch ich dazugehören werde.

Des Buchbesprechens ungewohnt, kann ich nämlich das neue Buch von Robert Neumann nicht besprechen, ohne ausdrücklich festzustellen, daß seine vorangegangenen Bücher mir gar nicht gut gefallen haben und seine Publikationen in Zeit- und sonstigen Schriften auch nicht, am allerwenigsten die vermeintlich politischen, in denen er links-zwei-drei und unverdrossen mit dem Fortschritt geht, daß es nur so staubt.

Und ebensowenig komme ich um die Feststellung herum, daß mich mit Robert Neumann eine der besten und ältesten Freundschaften verbindet, die mir nach den Finsternissen der tausendjährigen Zwischenzeit noch verblieben sind. Deshalb hätte ich über keines seiner vorangegangenen Bücher schreiben mögen. Und deshalb fällt es mir so leicht, über sein neues Buch zu schreiben.

Jedes Kunstwerk steht im Auftrag seiner eigenen Hundertprozentigkeit. Ich wage nicht zu behaupten, daß »Der Tatbestand« die ganzen hundert Prozent seines Auftrags erfüllt hätte, also ein vollendetes Kunstwerk sei. Aber er ist der Hundertprozentigkeit so nahe gekommen wie schon lange kein Roman von Neumann und wie schon lange (oder vielleicht noch nie) ein Roman aus diesem Themenkreis, aus diesem Teufelskreis, aus diesem circulus vitiosus, in dem exzessive Macht und exzessive Machtlosigkeit, in dem Deutsche und Juden als Henker und Opfer miteinander verstrickt und ineinander verkrallt waren.

Der Roman handelt von der 20 Jahre hernach erfolgten Selbstanzeige eines 1945 entflohenen jüdischen KZ-Häftlings namens Sahl-Sobieski, der sich des Verrats und der Mitschuld am Tode anderer Juden bezichtigt und einen ordentlichen Prozeß gegen sich verlangt; handelt von den explosiven, gleichsam durch Spätzündung ausgelösten Wirkungen dieser Selbstanzeige, von den offenen und versteckten, den wohlmeinenden und heuchlerischen Versuchen, diesen Prozeß zu hintertreiben, abzulenken, zum Scheitern zu bringen; handelt von seinem dennoch unaufhaltsamen Beginn und seinem dennoch (und überraschend) aufgehaltenen Abschluß; und handelt von dem allen auf eine höchst kunstvolle, bis zur Atembeklemmung spannende Art.

Nun mag man fragen, ob »Spannung« (noch dazu »kunstvolle«) aus solchem Anlaß und in solchem Zusammenhang überhaupt statthaft sei. Insofern das eine moralische Frage ist, wäre sie mit einem klaren Nein zu beantworten. Aber so klar liegen die Dinge leider nicht. Denn es ist zugleich eine politische und eine pädagogische Frage. Denn es gibt Tatbestände – viele, nicht nur den von Neumann aufgegriffenen –, die als solche nicht ankommen, die nur mit Hilfe von Kunstmitteln an die Empfänglichkeit des Publikums rühren und möglicherweise etwas aufrühren, was sonst versunken bliebe.

Bestünde nicht wenigstens diese Möglichkeit, dann hätte das »Tagebuch der Anne Frank« niemals dramatisiert werden dürfen, und dann müßte man rechtens Strafanzeige erstatten gegen den quicken Zugriff, der jetzt die Zeugenaussagen des Auschwitz-Prozesses in »freie Rhythmen« zerhackt, um das Ergebnis als Theaterstück zu präsentieren.

Robert Neumanns Roman steht turmhoch über derlei Dreistigkeiten. Er ist ein Kunstwerk ganz und gar. Das heißt, daß seine Metarealität mehr Wahrheit kundtut, als aus der simplen Realität jemals hervorgehen kann. Das heißt, daß die von ihm erfundenen Gerichtsprotokolle einen höheren Grad von Richtigkeit besitzen als alle jemals nachstenographierten, weil sie einem höheren Gerichtsverfahren dienen. Die Souveränität, mit der Neumann dieses Verfahren einfädelt, mit der er die Fäden verknotet und entwirrt und aufspult, wird in der heutigen deutschen Romanliteratur nicht so geschwind ein Gegenstück finden – und das Kennwort »heutig« bezieht sich nicht nur aufs Thema, sondern eben auf dessen Meisterung. »Der Tatbestand« ist nämlich ein durchaus moderner Roman, in seiner Struktur wie in seiner Technik. Er bedarf keines Kursivsatzes, um den Wechsel von einer Handlungsebene zur andern zu signalisieren, und seine willkürlichen Interpunktionen wollen keine erzählerische Impotenz auf Literatur-Beatle frisieren, sondern haben ihren guten Sinn.

Robert Neumann ist der merkwürdige Fall eines Vollblutliteraten, der gar nicht anders kann als »können«. Er kann Figuren hinstellen wie diesen zerfetzten, gepeinigten, mit seiner eigenen Unmoral gegen die Unmoral der Welt auftrumpfenden Benedikt Benno Sahl-Sobieski, lebendig gewordenes (und lebendig gebliebenes) Strandgut einer aus allen Ufern getretenen Zeit; oder wie diesen Deutsch-Siebenbürgener Maruhn, Heimatdichter unter den Nazi, ein Stiller im Land, als es zu Ende geht, und ein Widerstandskämpfer, als es vorbei ist; oder wie den einstigen KZ-Magazinverwalter und jetzigen ehrsamen Kantinenwirt Abicht; wie den abscheulich deutschnationalen Juden Diamant-Dyment, der »gern das Positive« sieht, oder die abscheulich amerikanisierte Journalistin Elisabeth Cohn, die's wieder mehr mit dem Objektiven hat; wie die beiden Beobachter aus der Zone, die weniger den Prozeß beobachten als einander selbst; wie die juristisch Beteiligten, den zynisch-gewandten Nobelanwalt Cronenkamp, den redlichen Provinzler Knecht, auf den er's abwälzt, und den Oberstaatsanwalt Bach, den einzigen, der weiß, was gespielt wird, der entschlossen ist, es zu Ende zu spielen, und der die Schlüsselworte des ganzen Buchs zu sprechen hat:

»Das ständige Nachwachsen des guten Glaubens – das ist das einzige, worin wir Deutschen den anderen wirklich genial überlegen sind.«

Warum sollte einer, der solche Figuren hinstellen kann, sein Können verleugnen? Nicht einmal den Parodisten verleugnet er. Jenes dem »zweiten Gesicht« entsprechende »zweite Gehör«, das unerläßlich zum parodistischen Rüstzeug zählt, gibt den Dialogen und Ausdrucksweisen seiner Figuren eine Authentizität, vor der man erschrickt. Oder woher hätte er die humorig antreibenden Worte, mit denen der Uniformierte die Nackten im Laufschritt über die letzten 140 Meter zur Gaskammer jagt: »Hoppla, Moses, renn, stell dir vor, waih geschrien dich beißt e Hund ... Na was ist, Sarah, spring, sonst kommt e Herr und zwickt dich herein ...«

Ach, natürlich tut er des Nichtverleugnens da und dort zuviel, natürlich verführt es ihn, dem Affen, den er äfft, ein wenig Zucker zu geben. Jargon und Typisierung geraten manchmal in die Nachbarschaft des Knalligen, und die Szene wird zur Kolportage. Aber da wollen wir uns doch fragen, ob das nicht vielleicht an der Wirklichkeit liegt. Wenn ich nicht irre, war es André Gide, der über die Kunstform des Romans gesagt hat: Es komme nicht darauf an, was geschehen ist, sondern darauf, was hätte geschehen können. Bei der Lektüre von Robert Neumanns »Tatbestand« hat man fast pausenlos das Gefühl, daß dies alles hätte geschehen können. Und plötzlich muß man nach Luft schnappen. Denn dies alles ist wirklich geschehen.

Robert Neumann: *Der Tatbestand.* Desch Verlag, München, 1965.

Interpret und Poet dazu

Heinz Politzers Studien zur Literatur
(1968)

Es gilt, einen Interpreten zu interpretieren, und das ist eine schwierige Aufgabe. Erschwerend kommt hinzu, daß sie für mich tatsächlich etwas von einer Schulaufgabe an sich hat, daß mir die »Interpretation« literarischer Werke schon auf der widerwillig gedrückten Schulbank vergällt wurde. Übrigens war es eine Zeitlang die gleiche Schulbank (am Wasa-Gymnasium zu Wien), die etwas später auch Heinz Politzer gedrückt hat, und den vergällenden Deutschunterricht erteilte uns der gleiche Professor, von dem Heinz Politzer in seinem abschließenden Essay den fatalen, während einer Schularbeit erfolgten Mahnruf zitiert: »Politzer – denken S' net, schreiben S'!« Soviel über die Schwierigkeiten beim Schreiben von Interpretationen.

Heinz Politzer hat sie vorzüglich gemeistert. Seine im »Schweigen der Sirenen« vereinigten Interpretationen haben allen Anspruch darauf, als selbständige Kunstwerke gewertet und ihrerseits interpretiert zu werden. Der Anspruch ist um so größer, als Politzer zwar in seinem Hauptberuf Professor für deutsche Literatur ist (an der University of California in Berkeley), in seiner Hauptbeschäftigung zwar Germanist und Literaturhistoriker (Autor, unter anderem, eines der wichtigsten Bücher über Franz Kafka, dessen »Gesammelte Werke« er vor etlichen 30 Jahren in einer längst verschollenen Erstausgabe gemeinsam mit Max Brod ediert hat) – im wesentlichen aber, in seinem eigentlichen Wesen, ist er weder Vermittler noch Deuter literarischer Werke, sondern deren Schöpfer. Er ist, um es kraß herauszusagen, Lyriker.

Wer seine Gedichtbände »Fenster vor dem Firmament« und »Die gläserne Kathedrale« nicht kennt, kennt sein Bestes nicht. Wer sie kennt, wird sich die Faszination seiner Essays besser erklären können, wird besser verstehen, warum und wieso hier auf einwandfrei wissenschaftlicher Basis etwas emporblüht, was vor den strengen Brillengläsern der Wissenschaft im allgemeinen keine Gnade findet: Instinkt und Intuition. Es ist aber der Instinkt des Schöpferischen, es ist aber die Intuition der eigenen Erfahrung.

Sie kommt am schönsten auf jenen Gebieten zum Vorschein, wo Politzers kundiges Nachforschen und Nachfühlen sich seit jeher am liebsten und liebevollsten betätigt: also vor allem bei Kafka und bei Grillparzer, aber auch bei Raimund und Nestroy, bei Hofmannsthal und Schnitzler und neuerdings bei Doderer. Man merkt bereits, auf welchen gemeinsamen Nenner sich all diese Betätigungsgebiete bringen lassen: auf den österreichischen.

Acht von den vierzehn interpretierenden Studien des gewichtigen Sammelbandes beschäftigen sich mit Repräsentanten der österreichischen Literatur – ohne daß deren Eigenständigkeit etwa zum Gegenstand polemischer Selbstbehauptung gemacht würde. Sie geht aus dem Wechselbezug zwischen dem behandelten Material und seiner Behandlung so klar hervor, daß sie sich auch für den norddeutschesten (oder nördlichstdeutschen) Leser binnen kurzem von selbst versteht. Sollte er dennoch einen Schlüssel dazu brauchen, so findet er ihn spätestens in Politzers Interpretation einer Regiebemerkung, die Ferdinand Raimund dem Auftritt der »Jugend« (im »Bauer als Millionär«) voranschickt und in der die Darstellerin dieser allegorischen Figur ausdrücklich angewiesen wird, »im hochdeutschen Dialekte« zu sprechen.

Bereitwillig erschließen sich alsdann die Verbindungswege, die von Raimund zu Shakespeare und zu Molière führen, werden die Unterschiede in den Funktionen freigelegt, die dem »Lied« bei Raimund und Shakespeare einerseits, bei Nestroy anderseits zukommen (bei jenen ist es »die lyrische Konzentration einer dramatischen Begebenheit«, bei diesem eine illustrative Einlage, die sich sowohl eliminieren wie austauschen läßt).

Nicht minder einleuchtend wird die Kombination von »Musikalität und Psychologie« als ein Wesensmerkmal österreichischer Literatur herausgearbeitet, wird Grillparzer in eine Kette von Zusammenhängen eingefügt, denen Politzer, gestützt auf eine unheimliche Kanzleiszene, das verblüffende Fazit abgewinnt: »Das ist noch Nestroy und doch schon Kafka«, und die er mühelos bis zu Helmut Qualtinger weiterführt (der mittlerweile in der Verfilmung von Kafkas »Schloß« eine tragende Rolle gespielt hat).

Indessen beschränkt sich Politzers Gespür nicht bloß auf Österreichisches. Seine Ausdeutung der Iphigenie und ihres »ständigen Appellierens an Thoas« würde jedem Goethe-Spezialisten zur Ehre gereichen, seine Wahrnehmungen über die »Frontalattacke auf die Psyche des Publikums«, die Verdis »Don Carlos« von der Schiller'schen Vorlage abhebt, könnten einer Untersuchung über »Fug und Unfug des Dramas als Opernlibretto« sehr wohl zur Grundlage dienen. Und wie ingeniös ist der Bogen, den Politzer von den Sirenen des Odysseus über die Nixen der deutschen Ballade zu Ibsens »Frau vom Meer« spannt, wie zwingend die dem »Urfaust« angediehene Erkenntnis: »Nirgendwo ist Gretchen der Ophelia ferner als im Kerker, obwohl sie ihr nirgendwo ähnlicher sieht.« Und mit welch detektivisch angeregter Spannung folgt man Politzers scharfsinniger Analyse der Ring-Parabel und seinen reizvollen Überlegungen, was denn wohl mit dem »Osten« in Nathans einleitenden Worten gemeint sein könnte, da ja die ganze Geschichte im Osten angesiedelt ist (den die Siedler selbst gewiß nicht als »Osten« bezeichnen würden).

Ob der von Politzer hier aufgewandte Scharfsinn geradewegs als »jüdisch« zu bezeichnen sei, möchte ich bezweifeln; sonst wäre er auch in dem mit Heine befaßten Essay zur Geltung gekommen, und das tut er nicht. Überhaupt scheint mir dieser Essay (»Um einen Heine von innen bittend«) nicht nur seines wissentlich von Ortega hergeleiteten Titels wegen der am wenigsten originelle des ganzen Buchs zu sein und scheint mir Politzer auf eine sonderbar »deutsche« Weise bereit, Heines lyrische Redlichkeit zu überbewerten.

So sehr ich den Reichtum und das Raffinement Heine'scher Stilmittel bewundere, so wenig kann ich mir die Tiefendeutung zu eigen machen, die Politzer den in manchen Heine-Gedichten auftretenden Betonungs- und Vokalspielereien angedeihen läßt und die ein sprachliches Verantwortungsgefühl voraussetzt, das man eher dem Interpreten zugestehen würde als dem Interpretierten.

Auch andernorts verfährt Politzer, wenn's um die Problematik der von ihm so trefflich gehandhabten Sprache geht, bisweilen mit einer Großzügigkeit, die den präzisen Konturen der anvisierten Gegenstände nicht immer Genüge tut. Wenn er, von Kafka ausgehend und über Hermann Broch bis zu Peter Handke gelangend, die »Unfähigkeit der Sprache« erkennt, »sinnvolle Botschaften« zu vermitteln, so trifft er ins Schwarze. Er trifft aber weit daneben, wenn er in diese Erkenntnis auch Karl Kraus einbezieht, dessen letztes Gedicht »Man frage nicht...« hieß und von des Dichters Unvermögen handelte, zum Einbruch der Barbarei etwas Sinnvolles zu äußern. Karl Kraus hat durchaus an die Sprache geglaubt, war durchdrungen davon, daß sich alles aussprechen ließe. Sein Schweigen und seine Verzweiflung galten nicht der Sinnlosigkeit, sondern der Erfolglosigkeit des Ausgesprochenen. Das ist ein furchtbarer Unterschied.

Aber ganz abgesehen davon, daß solcherlei Einwände sich ohnehin erst auf höchster Ebene ergeben: sie werden überreichlich kompensiert durch eine Unzahl von Erkenntnissen und Formulierungen, die jeglichem Einwand souverän standhalten. Politzers Überzeugungskraft entspringt einer seltenen, glücklichen Symbiose von wissenschaftlicher Sorgfalt und dichterischer Eingebung. Fast gewinnt man den Eindruck, als hätte er den umfangreichen, 30 Seiten langen Anmerkungs- und Quellenapparat seinem Buch nur deshalb mitgegeben, um sich akribisch zu legitimieren. Der Leser jedenfalls kann auf jegliche Quellenangabe verzichten. Das ganze Buch ist eine Quelle höchsten geistigen Vergnügens.

Heinz Politzer: *Das Schweigen der Sirenen.* – Studien zur deutschen und österreichischen Literatur. J. B. Metzlersche Verlagsbuchhandlung, Stuttgart, 1968.

Überschätzt oder unterbewertet?

Antwort auf eine Umfrage des »Monat«
(1978)

Ein Vorort von Prag, der Geburtsstadt *Rainer Maria Rilkes*, heißt Smichov, ein andrer heißt Zlichov. Es gibt auf Smichov keinen Reim außer Zlichov und umgekehrt. Und es gibt ein frühes Gedicht von Rilke, mit vierzeiligen Strophen in der Bauart *a-b-b-a*, das diese beiden Vororte als Reime verwendet, über drei Zeilen hinweg, man weiß am Schluß der ersten Zeile, was am Schluß der vierten unfehlbar kommen muß, es ist ein ähnlicher Qualreim wie der von Sonntag auf Montag, es ist ausweglos, und ein großer Dichter tut so etwas nicht.

Seltsamerweise hat er späterhin das Gedichtemachen gelernt, und einige sind ihm sehr schön gelungen, zumal in den »Duineser Elegien« und in den »Sonetten an Orpheus«. Aber er ist kein großer Dichter, und er sollte nicht überschätzt werden. Das haben vor mir schon andere gesagt, ich weiß es, und so um 1960 herum hatte es den Anschein, als wollten die Literaturwissenschaftler seinen Rang gebührlich zurechtrükken. Leider wurden sie nach einiger Zeit von der Furcht befallen, daß sie vielleicht zu weit gegangen wären, und heute überschätzen sie ihn wieder.

Demgegenüber wird der große Epiker und Philosoph *Hermann Broch* hartnäckig unterschätzt. Ich halte ihn für einen der größten deutschsprachigen Autoren unseres Jahrhunderts, halte die »Schlafwandler«-Trilogie und den »Tod des Vergil« für epochale Romanwerke, gleichermaßen bedeutend in ihrer geistigen wie in ihrer künstlerischen Konzeption und weitaus »moderner« als alles, was seither an neuen Wellen aufgebrandet und wieder verebbt ist. Auch seine »kleinen« Romane wie »Die Schuldlosen« oder »Der Versucher« sind klein nur dem Umfang nach. Und seine in zwei Bänden gesammelten Essays legitimieren ihn ebenso wie seine »Massenpsychologie« als einen der wenigen kompetenten Denker unserer Zeit.

Er lebte und starb, wie er wollte

Joseph Roth: Briefe aus den Jahren 1911 bis 1939 (1971)

Ein mehr als 600 Seiten starker Band mit rund 450 Briefen aus 28 Jahren. Und in all diesen Briefen – geschrieben von einem Erzliteraten, der sein Lebtag nichts andres tun wollte als schreiben – kommt Literarisches kaum zum Vorschein. Manchmal, selten genug, äußert er sich über die Arbeit anderer, findet an einem neuen Buch seines wichtigsten Korrespondenzpartners Stefan Zweig etwas zu loben oder auszusetzen, gibt einem jüngeren Kollegen wie Bernhard von Brentano (von dem er sich später abwendet) en passant einen kleinen Ratschlag, läßt über Thomas Mann, über Döblin, über Werfel ein geringschätziges Bonmot fallen, das sich aber nicht auf ihr literarisches Schaffen bezieht, sondern auf ihr außerliterarisches, politisches Verhalten.

Nirgends eine Spur von Fachsimpeln, nirgends ein Wort über Gestalt und Fortgang dessen, woran er arbeitet. Wer wissen will, wie Meisterwerke vom Rang des »Hiob« oder des »Radetzkymarsches« entstanden sind, welche schöpferischen Konflikte den Dichter des »Tarabas« oder des »Falschen Gewichts« bewegt haben, wird es aus diesen Briefen nicht einmal andeutungsweise erfahren.

Bis zur Schmerzhaftigkeit, ja bis zum Überdruß deutlich werden hingegen die äußeren Schwierigkeiten, mit denen Joseph Roth zu kämpfen hatte, die permanenten Geldnöte, die privaten Sorgen und Katastrophen, die schiere Existenz- und Lebensangst des Emigranten.

Nur in solchen Zusammenhängen kommt er auf seine Arbeit zu sprechen, nur wenn's um Vorschüsse geht, um

Verträge, um Verkauf und Verpfändung von Übersetzungsrechten, oder ganz einfach um Darlehen. Und immer wieder ist es Stefan Zweig, der da als Retter einspringt, mit Geduld und Noblesse, helfend und vorsorgend, taktvoll vermittelnd zwischen den Verlegern und ihrem widerborstigen, unberechenbaren Autor, der mitunter auch ihn zur Zielscheibe eines maßlosen Mißtrauens macht. Zweig nimmt's hin, Zweig applaniert, Zweig steht in Treue zu seiner Freundespflicht.

Fast möchte man wünschen, daß diese weitaus umfänglichste aller hier gesammelten Korrespondenzen (die auch zahlreiche Briefe Zweigs an Roth enthält) in einem eigenen Band erschienen oder wenigstens im Rahmen des vorliegenden eigens zusammengefaßt wäre, weil sie im menschlichen wie im zeitgeschichtlichen Aspekt so ungemein aufschlußreich ist. Und selbst an diesen zuverlässigsten, an diesen einzig zuverlässigen seiner Helfer stellt Roth zweimal die ultimative Forderung, eine bestimmte politische Haltung (entsprungen der Kompromißbereitschaft vor den neuen Nazi-Machthabern) augenblicks und bedingungslos rückgängig zu machen, sonst müßte er ihm leider die Freundschaft kündigen.

Das, so darf man wohl sagen, ist Gesinnung, ist es in viel höherem Maß als sämtliche Unterschriften und Manifeste, mit denen die emigrierten Schriftsteller sich ins Geschehen einzuschalten meinten. Joseph Roth war bereit, aus Gesinnungsgründen seinen materiellen Untergang zu riskieren.

Er hatte niemals Geld. Er konnte keines haben. Er hätte auch keines gehabt, wenn er in einem Literatenparadies gelebt hätte statt in der Zeit des heraufkommenden und zur Macht gelangten Nazismus. Geld zu haben, lag jenseits seiner organischen Möglichkeiten, und wenn er's einmal hatte, verschwand es im Hui – nicht etwa für eigensüchtige Zwecke (denn bis auf seinen stetig wachsenden, am Ende tödlichen Alkoholkonsum war er ein eher anspruchsloser Mensch), sondern für die Pflege seiner im Wahnsinn dahinsiechenden

Frau, für die Kinder einer andern, für die Unterstützung noch Bedürftigerer. Er war ein Grandseigneur der Hilfsbereitschaft, ein Bohémien aus Verachtung der Umwelt, gegen die er sich in eine ebenso kunstvoll wie verwirrend um sich selbst gesponnene Legende einpuppte. Er hat sich nie entblößt. Was man gelegentlich von ihm zu sehen bekam, war eine Kunstfigur, mit der er sich vorübergehend identifizierte, ohne sich auf sie festzulegen.

Er lebte sein eigenes Leben und starb seinen eigenen Tod, das heißt: er lebte und starb, wie er wollte. Er hat sich wissentlich und absichtlich zu Tode getrunken, aus Heimweh, aus Hoffnungslosigkeit, aus Verzweiflung über das Schicksal Österreichs, das Schicksal der Juden, das Schicksal der Welt, aus einem tiefen, unheilbaren Wissen um die Vergeblichkeit aller Widerstands- und Besserungsversuche.

Indessen hat er auch von der Tiefe dieses Wissens – ganz ähnlich wie von seiner Arbeit – nichts preisgegeben, erachtete keinen für würdig, Einblick in sie zu tun, speiste die Freunde mit Äußerlichem und Vordergründigem ab. Aber welch ein Vordergrund, den er da auftat!

Mit welch scharfem, bisweilen schon bösem Blick durchschaute er, was da vorging! Mit welch präzisem Zugriff wußte er's zu packen, mit welch brillanter Klarheit zu formulieren! Man lese nur seine Schilderung der deutschen Teilnehmer an einem sozialdemokratischen Kongreß in Marseille, man lese, was er schon in den frühen zwanziger Jahren über den Kommunismus und etwas später über die Nazis zu sagen wußte, man lese die Leviten, die er dem allzu begeistert aus Rußland zurückgekehrten Klaus Mann gelesen hat. Für Briefe dieser Art gäbe es auch heute eine Unmenge von Adressaten. Dabei war es weniger die fragwürdige Ideologie der damaligen »Linksintellektuellen«, die ihn provozierte, als vielmehr ihre selbstgefällige Naivität, ihre sorgsam gepflegte Kurzsichtigkeit und, kurzum, ihre Dummheit. Gegen die wußte er sich unerbittlich im Recht, und dieses Recht verteidigte er zumal in den letzten Jahren seines Lebens (auf die meine persönlichen Erinnerungen an ihn sich hauptsächlich stützen) immer unerbittlicher und unduldsamer. »Mit Ihnen kann man ja nicht mehr diskutieren«, erzürnte sich einmal im »Café de la Poste« einer seiner Widersacher; und Roth, dessen leicht gequetschte Stimme in Augenblicken des Ärgers immer zu schnarren begann: »Ich diskutiere nicht – ich belehre!« (»Ich habe keine ›Gedanken‹ – nur Kenntnisse«, stand Jahre zuvor in einem Brief an Benno Reifenberg.)

Inmitten seiner geistigen Raufhändel, die manchmal in bedrohliche Nähe von Emigrationsintriguen und Literatentratsch gerieten, kam ihm die Ironie (auch die Selbstironie) so wenig abhanden wie inmitten seiner katholisierenden Exkurse das wehmütig-stolze Bewußtsein seiner jüdischen Herkunft. Er unterschreibt die Briefe an seine Schwiegereltern bis zum Schluß mit »Munju« (der Koseform seines hebräischen Vornamens Mosche), bezeichnet sich als »Jossel Roth aus Radziwilow«, der die deutsche Kultur verteidigen muß, charakterisiert einen marxistischen Besserwisser mit dem Hinweis: »Die Ostjuden haben ein gutes Wort für solche Männer: Gott's Polizei.« Aber das alles hindert ihn natürlich nicht, sich in wüsten Ausfällen gegen Juden und Jüdisches zu ergehen, wenn ihm ein Anlaß dazu gegeben erscheint.

Wie denn überhaupt in seinen Briefen kein Mangel an Ungereimtheiten und Widersprüchen herrscht. Sie gehen nur selten auf die Einwirkung des Alkohols zurück, öfter schon auf jene früher erwähnte Legendenspinnerei, und wenn man genauer hinsieht, sind's gar keine Widersprüche. »Er schrieb seine Briefe in voller Aufrichtigkeit, freilich nur mit der Aufrichtigkeit eben jenes Augenblicks«, stellt Hermann Kesten, der Herausgeber des Sammelbandes, im Vorwort sehr richtig fest. (»Es ist alles immer nur im selben Augenblick wahr«, läßt Arthur Schnitzler eine seiner Figuren im »Grünen Kakadu« sagen.)

So sind auch die scheinbaren Widersprüche Joseph Roths echte Wesensäußerungen, nämlich echte Äußerungen eines widersprüchlichen Wesens – dessen Widersprüchlichkeit jedoch in keiner inneren Unklarheit wurzelt. Sie stammt aus der Spannung zwischen ihm und der Welt. Und das war eine unüberbrückbare Spannung.

»Ich glaube nicht an ›die Menschheit‹ – daran habe ich nie geglaubt, sondern an Gott und daran, daß die Menschheit, an der Er keine Gnade übt, ein Stück Scheiße ist«, heißt es in einem 1935 aus Paris geschriebenen Brief; und in einem andern, 1936 aus Amsterdam: »Ich habe den Preis des Zimmers heute auf 1 Gulden herabgedrückt, aber ich kann nicht mehr. Ich muß jetzt Wein trinken... Ich habe noch 2 Anzüge, 6 Hemden. Taschentücher wasche ich selbst. Aber Hemden kann ich nicht bügeln... Brüssel ist billiger, wenn man mir ein Visum gibt, möchte ich dort 2 Monate bleiben, sobald die Correcturen fertig sind...«

Versuche doch einer, zwischen diesen beiden Spannungsfeldern eine Brücke zu schlagen.

Joseph Roth, mit 45 Jahren elend im Exil zugrunde gegangen, hat es versucht. Das Ergebnis war ein Œuvre, das zu den Gipfeln der deutschsprachigen Literatur unseres Jahrhunderts gehört. Und zu den Gipfeln dieses Œuvres gehören die vorliegenden Briefe: eben weil sie über das Œuvre selbst beinahe nichts aussagen und über die Umstände, unter denen es zustande gekommen ist, beinahe alles.

Joseph Roth: *Briefe 1911–1939*. Herausgegeben und eingeleitet von Hermann Kesten. Verlag Kiepenheuer & Witsch, Köln, 1970.

Witz und Poesie, Scharfblick und Trauer

Joseph Roth: Werkausgabe in vier Bänden (1976/77)

»Und Theodor ging mit Benjamin aus dem Hause.«

Niemand würde diesem Satz – er steht auf der vorletzten Seite des Romans »Das Spinnennetz« – ohne Kenntnis des Zusammenhangs anmerken, daß Benjamin wenige Zeilen zuvor von Theodor beim Photographieren geheimer Akten überrascht wurde, daß Theodor ihn einen Spitzel genannt und Benjamin den Freund mit einem Revolver bedroht hatte. Niemand würde diesem Satz die Schicksalsträchtigkeit anmerken, die sich in ihm zusammenballt und die in der lapidaren, in der nahezu biblischen Einfachheit der Wortwahl nur desto rasanter hervortritt.

Tatsächlich: Von manchen der gemeißelten Sätze Joseph Roths fühlt man sich auf ähnlich wuchtige Weise ergriffen wie von manchen Sätzen der Bibel – im vorliegenden Fall wird der Anklang an das XXII. Kapitel der Genesis, handelnd vom Opfergang Abrahams mit seinem Sohne Isaak, beinahe überdeutlich: »Und gingen sie beide miteinander.« So simpel sind diese Sätze, so schmucklos und scheinbar eindeutig bieten sie sich dar, daß sie eben dadurch ihre Eindeutigkeit desavouieren. Das *kann* doch nicht alles sein, was sie bedeuten wollen, da *muß* doch noch etwas verborgen sein. Und weiß Gott, das ist es.

Hier, wenn nicht alles täuscht, liegt das große stilistische Geheimnis der Roth'schen Prosa, liegt die Wurzel der Wirkung, die von ihrer Doppelbödigkeit ausgeht. Es ist eine unentrinnbar eindringliche Wirkung. Den kunstvoll verschlungenen Perioden eines Thomas Mann oder eines Hermann Broch kann, wer's drauf angelegt hat, an ihren Nahtstellen entschlüpfen. Von den nicht nur grammatikalisch »reinen, einfachen Aussagesätzen« Joseph Roths wird man sich ausweglos umgarnt finden. Sie haben – außer in der Bibel – ihr einziges Gegenstück in der Prosa Franz Kafkas.

Ein Beispiel aus »Hiob«, Roths bibelnächstem und (für mein Gefühl) schönstem Roman. Dort geschieht es, daß Mirjam, die Tochter des heimgesuchten Mendel Singer, nachdem sie ihr Gesicht mit den Händen bedeckt hat und in Tränen ausgebrochen ist, vor das Haus gewiesen wird:

»Sie tastete sich hinaus, vorsichtig, die Hände immer noch vor den Augen. Draußen blieb sie stehen. Alle Sterne des Himmels standen da, nah und lebendig, als hätten sie Mirjam vor dem Haus erwartet.«

Es sind wahrhaftig alle Sterne, welche dastehen. Und es gibt, so will mir scheinen, keinen zweiten Autor, der sie mit solchem Umfassungsvermögen einzufangen wüßte.

Gehört Vielseitigkeit zu den Merkmalen eines großen Prosaisten? Ich sage mit Absicht »Prosaist«, nicht »Schriftsteller« und nicht »Dichter«, schon deshalb nicht, weil die vielseitigen Dichter – also jene, die sich in allen Formen der Dichtkunst ausdrücken können, als Lyriker, als Erzähler, als Dramatiker – betrüblich rar geworden sind im deutschen Sprachraum. Zuckmayer war möglicherweise der letzte (und Handke hätte als einziger unter den Jüngeren das Zeug dazu).

Indessen ist, wir wissen es, auch Prosa ein so ausdrucksreiches Gebiet, daß einer, der nur Prosa schreibt, sich an ihr als vielseitig erweisen kann. Kann, nicht muß. Unternimmt er's jedoch, dann muß seine Vielseitigkeit, wenn sie zugleich seine Größe erweisen soll, aus einem Guß sein. Prosaisten, die über solche Vielseitigkeit gebieten, sind nicht eben häufig, aber es gibt sie. Musil tritt in seinen Tagebüchern ebenso unverkennbar als Autor des »Mann ohne Eigenschaften« zutage wie Kafka in seinen Briefen als Autor des »Prozeß« oder wie Broch in seinen Essays als Autor der »Schlafwandler«; übrigens gerieten ihm manchmal auch seine Briefe zu richtigen Essays, von denen sie sich nur durch die herzlichen Grüße am Schluß unterschieden. (Ich selbst bin dank einer glücklichen Fügung zum Empfänger eines Broch'schen Briefessays geworden: seiner inzwischen allseits angesehenen Abhandlung über die Fragwürdigkeit des »Geschichtelerzählens«, nämlich des Romanschreibens.)

Allmählich drängt sich – auch mir – der Verdacht auf, als wollte ich mich mit diesen weit ausholenden Vorbemerkungen um die Antwort auf meine eingangs gestellte Frage herumdrücken, zumindest in ihrem Bezug auf Joseph Roth. Daß er ein großer Erzähler ist, einer der größten, die zu unserer Zeit in deutscher Sprache geschrieben haben, steht längst außer Zweifel. Jetzt, da mit den abermals von Hermann Kesten betreuten Bänden 3 und 4 sein Gesamtwerk in der immens dankenswerten Ausgabe des Verlags Kiepenheuer & Witsch abgeschlossen vorliegt, da auf weiteren 2000 Dünndruckseiten, von denen lediglich 300 belletristischen Inhalts sind, der Romancier Joseph Roth sich als Essayist, als Kritiker, als Reiseschriftsteller, als Feuilletonist, als Polemiker präsentiert – jetzt ist zu fragen, ob Vielseitigkeit auch bei ihm als Merkmal großer Prosa sichtbar wird, genauer: ob seine Vielseitigkeit ihn zu einem großen Prosaisten macht; oder machen würde, wenn das nicht schon seine Romane besorgt hätten.

Eine hypothetische und somit müßige Frage. Seine Romane haben es ja in der Tat besorgt.

Noch um einiges hypothetischer, aber nicht ganz so müßig gefragt: Wäre Joseph Roth auch dann ein großer Prosaist, wenn er keine Romane geschrieben hätte, sondern nur diese auf 1700 Seiten gesammelten Essays, Kritiken, Reiseberichte, Feuilletons und Polemiken?

Und jetzt hilft nichts mehr: Die Antwort lautet nein. Zwar fehlt es der imposanten Fülle und Vielfalt dessen, was hier als publizistisches Beiwerk seines Schaffens zusammengefaßt ist, keineswegs an Substanz, an Geist, an Formulierungskunst und Engagement. Aber es fehlt die Souveränität eines konsequent abgesicherten Standorts, es fehlt die Überzeugungskraft des inneren Zwangs, welche erforderlich ist, damit man dem Geschriebenen anmerkt, daß es geschrieben werden *mußte*. Und es fehlt, erstaunlicherweise, jene äußerste Redlichkeit, die dem dichterischen Œuvre Joseph Roths in jeder Zeile eignet, in den großen Romanen nicht anders als noch in der kleinsten Erzählung, im »Hiob« und im »Radetzkymarsch« nicht anders als im »Stationschef Fallmerayer« oder in der »Legende vom heiligen Trinker«. Es fehlt das Unverwechselbare, das ganz und gar Einmalige, es fehlen die Kennzeichen der Größe.

Das ist für einen wie mich, der in Joseph Roth seit jeher einen Großen der deutschsprachigen Literatur unseres Jahrhunderts erblickt und verehrt hat, eine schmerzliche Einsicht. Sie will erläutert sein.

Zunächst: Es wäre ein arger Trugschluß, aus dem Vorstehenden etwa herauszulesen, daß Roth jemals Kompromisse gemacht, daß er seiner Überzeugung (unbeschadet ihrer völlig legitimen Wechselhaftigkeit) jemals zuwidergehandelt hätte, daß er um eines Erfolgs, eines Vorteils, einer günstigen Resonanz willen irgendwelchen Auftraggebern, persönlichen oder ideologischen, jemals erbötig gewesen wäre. Nichts davon. Er hat zeit seines Lebens, und zumal in dessen letzter Zeit, das Gängige und Geläufige genießerisch provoziert, hat sich's mit Auftraggebern und Machthabern jeder Art immer wieder verdorben. Was ich als seinen Mangel an Redlichkeit empfinde, wurzelt anderswo.

Zum einen im selbstgefälligen Habitus seiner politischen Position. Wer Sturheit mit Charakter verwechselt, mag ihm vorwerfen, daß er sie im Lauf der Jahre geändert hat. Aber er hat sie von Anfang an mit untauglichen Mitteln eingenommen und hat sie mit untauglichen Mitteln geändert. Er war in seiner Jugend so wenig ein richtiger Sozialist wie in seinen späteren Jahren ein richtiger Konservativer. Man könnte sagen, daß er aus einem durchaus konservativen Rechtsgefühl zuerst auf seiten der Unterdrückten stand und sich später aus einem durchaus rebellischen Aufbegehren den Werten einer depravierten Vergangenheit zuwandte, für die ihm das übernationale, an seiner Übernationalität zerbrochene Habsburgerreich als Symbol galt. Man könnte sagen, daß er beides, Sozialist und Monarchist, aus sentimentalen Gründen war, nicht aus politisch durchdachten. Er war kein politischer Mensch und kein politischer Schriftsteller. Aber er hat sich für einen solchen gehalten, und wenn er gelegentlich, nicht ohne Koketterie, sich als »unpolitisch« hinstellt, so macht er's dadurch nicht besser, sondern billiger.

Die andere Wurzel des Unbehagens, das mich bei der Lektüre seiner Essays und Feuilletons überkam, liegt in der Zwielichtigkeit seiner jüdischen Haltung. Sie äußert sich lange bevor er an den zwielichtigen Legenden um seine Person, seine Herkunft und seinen Katholizismus zu weben begann. Ob es nun in seinen journalistischen Stellungnahmen um aktuelle Ereignisse geht, um flagrante Ausbrüche eines immer stärker herandrohenden Antisemitismus, um einen Reisebericht aus den jüdischen Gemeinden des von Ungarn an Österreich abgetretenen Burgenlands, um die Lage der Juden in Polen und in der Sowjetunion oder um das 1927 in Buchform erschienene Traktat »Juden auf Wanderschaft« – immer und überall schreibt Roth über jüdische Dinge wie ein gebildeter, kenntnisreicher, humanistisch engagierter Nichtjude, niemals und nirgends kommt es ihm bei, sich mit der

Gemeinschaft, der er doch zugehört, zu solidarisieren oder seine Zugehörigkeit auch nur anzudeuten. Die Art, wie er über ein Gespräch mit einem aus »Radziwilow, dem alten russisch-österreichischen Grenzort« stammenden Juden berichtet, brächte niemanden auf die Vermutung, daß auch er selbst aus Radziwilow stammt.

In seinen Briefen las man's anders. In seinen Briefen bezeichnet er sich einmal – mit einer Ironie, die ihm hier völlig abgeht – als »Jossel Roth aus Radziwilow, der die deutsche Kultur retten muß«. In seinen Briefen läßt er keinen Zweifel an seinem jüdischen Selbstverständnis. Aber das sind private Bekundungen. Vor der Öffentlichkeit gibt er sich so, als wäre er – immerhin – ein freiwilliger Sympathisant der bedrängten Juden. Am ehesten (und freundlichsten) mag man sich da an eine rührende Tagebuchnotiz Ludwig Börnes erinnert fühlen, der die Taufe angenommen haben wollte, »um als Christ besser für die Juden streiten zu können«. Ich für meine Person hätte mich lieber an Manès Sperber erinnert gefühlt, der desgleichen aus dem Osten der ehemaligen Habsburgermonarchie stammt und der seinen weltbürgerlichen Humanismus sehr wohl und sehr ausdrücklich mit den jüdischen Fundamenten seiner Herkunft zu untermauern weiß.

Damit ist kein literarischer Vergleich beabsichtigt, oder höchstens einer zwischen Joseph Roth und Joseph Roth, zwischen dem Autor des »Hiob« und dem Autor der »Juden auf Wanderschaft«. Dieser wird nicht als jener erkennbar. Dieser ist vielseitig, jener ist groß. Jeder für sich ist aus einem Guß. Sie beide sind es nicht.

Bei alledem muß ich mich allerdings dem Tadel offenhalten, daß ich »Vielseitigkeit« zu Unrecht als Merkmal eines großen Prosaisten und den »einen Guß« zu Unrecht als Merkmal von Größe postuliert habe; und daß es überhaupt unzulässig ist, von »kleiner Prosa« Größe zu fordern.

Sei dem wie immer, und sei Joseph Roths kleine Prosa zum

Erweis seiner Größe weder tauglich noch erforderlich: ich mochte nicht auf sie verzichten. Daß sie zu seinem Gesamtbild gehört, ist klar. Daß sie, von jener einen Ausnahme der Redlichkeit abgesehen, alle Vorzüge seiner eminenten Schriftstellerstatur aufweist, den kristallenen Stil und das menschliche Erbarmen, den Witz und die Poesie, den Scharfblick und die Trauer: Das muß, eben im Hinblick auf die eine Ausnahme, um so deutlicher klargestellt werden. Aber es ist nicht bloß das Gesamtbild des Schriftstellers Joseph Roth, für das diese Essays und Feuilletons, diese Kritiken und Polemiken unentbehrlich sind. Sie entwerfen zugleich ein Gesamtbild der Zwischenkriegszeit, sowohl von ihren Themen und Titeln her wie durch die Vielzahl der Zeitungen und Zeitschriften, an denen Roth mitgearbeitet, durch die Vielzahl der Zeitgenossen, mit denen er sich auseinandergesetzt hat. Und wenn der Joseph Roth dieser 2000 Druckseiten mit dem Joseph Roth der ersten beiden Bände nicht restlos identisch ist, so darf man vielleicht einen markigen, in anderen Zusammenhängen erfolgten Ausspruch aus dem vorigen Jahrhundert herbeizitieren: Seien wir froh, daß wir zwei solche Kerle haben.

Joseph Roth: Werkausgabe in 4 Bänden. Herausgegeben von Hermann Kesten. Verlag Kiepenheuer & Witsch, Köln, 1976/77.

Wenn einem mies ist vor der Mischpoche

Joseph Roths nachgelassenes Romanfragment »Perlefter« (1978)

Erste Frage angesichts eines in jeder Hinsicht schmächtigen und dennoch als Buch veröffentlichten Romanfragments: Ist sein Autor bedeutend genug, um die Veröffentlichung zu rechtfertigen? Antwort im Falle Joseph Roths: Ja.

Zweite Frage: Erfährt man aus diesem Fragment etwas über das Gesamtwerk des Autors, was man sonst nicht erfahren hätte? Antwort im Falle »Perlefter«: Nein.

Genau besehen, handelt es sich hier nicht einmal um ein Fragment, sondern um einen nicht zu Ende gediehenen Entwurf. Er enträt selbst der leisesten Spannung. Er kommt nicht vom Fleck. Er stellt – und das ist durchaus perspektivisch gemeint – nichts in Aussicht. Er macht auf keinerlei Fortsetzung neugierig.

Was immer Joseph Roth mit diesem Entwurf geplant haben mag und was immer daraus geworden wäre: es wäre nichts Rechtes geworden, auch bei günstigster, phantasiereichster Entwicklung nicht.

Sollte Roth das geahnt, gespürt, vorausgesehen haben? Und läge hier die Ursache, warum es beim bloßen Ansatz geblieben ist? Denn daran, daß die »Münchner Neuesten Nachrichten« sich auf Grund des Entwurfs nicht entschließen konnten, das Ganze als Fortsetzungsroman zu bringen – daran lag's ganz gewiß nicht. Ich habe Joseph Roth gut genug gekannt, um mit aller Bestimmtheit sagen zu dürfen, daß er sich weder durch eine redaktionelle Ablehnung noch durch irgendwelche anderen Widrigkeiten äußerer Art von einer Fertigstellung des Romans hätte abbringen lassen, wenn es ihn wirklich zur Fertigstellung getrieben hätte. Es hat ihn eben nicht getrieben.

Aber selbst für das Fragment eines Entwurfs muß er doch wohl einen Antrieb gehabt haben. Wie mochte der beschaffen sein?

Keinesfalls so, wie der Untertitel – »Die Geschichte eines Bürgers« – es andeuten will. Er stammt vom Herausgeber, einem in Leipzig und Weimar wirkenden Verlagslektor namens Friedemann Berger, der zu den rund 140 Textseiten auch ein 15 Seiten langes Nachwort beigesteuert hat. Infolgedessen erlaube ich mir die Vermutung, daß das Romanentwurfsfragment »Perlefter« zu einer Kritik am bürgerlichen Zerfall der Weimarer Republik hinaufmanipuliert werden soll, ja zu einer politischen Analyse des deutschen Bürgertums schlechthin. Und es werden sich vermutlich auch im Westen die unentwegten Sozialrelevanzler einstellen, um diese These zu unterstützen. Sie ließe sich jedoch höchstens auf eine ganz bestimmte, aus Osteuropa stammende und im deutschen Sprachraum halb assimilierte Gesellschaftsschicht anwenden.

Daß es eine jüdische Gesellschaftsschicht ist, versteht sich für Joseph Roth von selbst, und an mehreren Stellen wird ersichtlich, daß er die Wahrnehmung dieser Selbstverständlichkeit auch beim Leser voraussetzt. Die im »Perlefter« auftretenden Figuren sind so jüdisch wie Roths eigener Horror vor ihrer Betulichkeit, ihrem aufdringlichen Familiensinn, ihren parvenühaften Ambitionen. Ihm war, als er zu diesem Roman ansetzte, ganz einfach mies vor der Mischpoche. Mit Weimar, heraufkommendem Faschismus und mangelnder Abwehrkraft der deutschen Bourgeoisie hat das von weither nichts zu tun. Was vom »Perlefter« vorliegt, könnte ebensogut in Wien oder Prag spielen, ja sogar noch in Polen selbst oder sonstwo im Osten der ehemaligen Habsburgermonarchie, wo der Name des Helden – in der normalen Schreibweise »Perlhefter« – zu den gängigen jüdischen Familiennamen gehört hat. Er wird im Buch immer wieder »Per-lefter« abgeteilt. Ich mache mich anheischig, aus der Instinktlosigkeit und Ignoranz, die sich hier verrät, das ganze Mißverständnis abzuleiten.

Das alles ändert natürlich nichts am Rang Joseph Roths als eines der großen Prosaschriftsteller unseres Jahrhunderts. Aber gerade darum schmerzt es doppelt, ihn in so unzulänglicher Gestalt zu erblicken. Denn da ist nichts von der stählernen Prosa, die den »Hiob« und den »Radetzkymarsch« zu unverwechselbaren Meisterwerken gemacht hat, nichts vom furiosen epischen Zugriff des »Falschen Gewichts«, nichts von der erhabenen Melancholie der »Legende vom heiligen Trinker«.

Da gibt es, im Gegenteil, stilistische Entgleisungen, wie sie bei Roth sonst nirgends vorkommen (von schlampigen Wiederholungen und Duplizitäten ganz zu schweigen). Da operiert der fiktive Ich-Erzähler mit einem Humor von geradezu handgreiflicher Billigkeit, der sich nur selten zu jener Ironie aufschwingt, wie sie Roths souveränem Weltblick gemäß ist. Da gibt es Charaktere, die bei aller Schärfe ihrer Zeichnung – denn aus der Haut seines Urtalents kann er gottlob nicht heraus – kaum voneinander zu unterscheiden, ja beinahe austauschbar sind.

Und da gibt es noch manches andere, worauf man lieber verzichtet hätte.

Dann wäre also die ganze Neuerscheinung überflüssig? Keineswegs. Man muß vielmehr, da sie vor dem Verdacht einer kommerziellen Spekulation nun wahrlich gefeit ist, dem Verlag Kiepenheuer & Witsch wieder einmal Dank und Respekt zollen für die Einsatzbereitschaft, mit der er das Gesamtwerk des großen Joseph Roth betreut.

Und wenn man beim Lesen manchmal das Gefühl hat, als ob man einem Dandy bei der Toilette zusähe, so darf schließlich auch das, als eine Art Werkspionage, Interesse beanspruchen.

Joseph Roth: *Perlefter.* Die Geschichte eines Bürgers. Romanfragment aus dem Berliner Nachlaß. Herausgegeben von Friedemann Berger. Verlag Kiepenheuer & Witsch, Köln, 1978.

Das Elend der Psychologie

Manès Sperber über
Alfred Adler
(1970)

Manès Sperber, als Essayist und Erzähler gleichermaßen engagiert, ist sich auch diesmal treu geblieben. Er hat über Alfred Adler, den neben C. G. Jung bedeutendsten Schüler und Widerpart Sigmund Freuds, ein höchst engagiertes und zugleich höchst informatives Buch geschrieben. Das Engagement äußert sich in zweifacher Hinsicht, in sachlicher und in persönlicher: Sperber ist nicht nur gelernter Individualpsychologe, sondern der Mann, bei dem er's gelernt hat, war Alfred Adler selbst. Und was die Informativität betrifft, so tritt auch hier – und hier schon ganz im Sinn der Adler'schen Lehre – eine gewisse Zweigleisigkeit hervor; das Buch sagt über seinen Verfasser ebensoviel aus wie über seinen Gegenstand.

Hätte sich nicht erst vor kurzem der Geburtstag Alfred Adlers zum 100. Male gejährt und wären da nicht die üblichen Gedenkartikel erschienen, dann wüßte die Öffentlichkeit – von der fachlich interessierten abgesehen – über diesen Gegenstand kaum noch Bescheid. Die Individualpsychologie ist von ihrer Urmutter Psychoanalyse allem Anschein nach in die Ecke gedrängt worden.

Wer heute an moderne Seelenforschung denkt oder von ihr spricht, meint die Lehre Sigmund Freuds und verwendet ihre Fachausdrücke unbekümmert und meistens falsch im Alltagsjargon. Wer sich die Zigarette verkehrt anzündet oder Herrn Meier mit »Herr Müller« anredet, zeiht sich mit souveränem Lächeln einer »Freud'schen Fehlleistung«, obwohl sie keineswegs von Freud begangen wurde und obwohl die »Fehlleistung« auch schon den »Freud« enthält (denn eine andre als die von ihm so benannte gibt es nicht). Und wer die Rede auf einen eigenen oder fremden »Minderwertigkeitskomplex« bringt, ahnt nur in den seltensten Fällen, daß er sich mit diesem Ausdruck – der besser »Minderwertigkeits*gefühl*« hieße – auf einen Fundamentalbegriff der Adler'schen Lehre bezieht.

Daß die Individualpsychologie jemals in ein solches Hintertreffen geraten könnte, war zur Zeit ihres Auf- und Hochkommens völlig unvorstellbar. Zumal am Ort ihrer Entstehung, im Wien der Zwischenkriegszeit, herrschte zwischen den beiden Schulen eine Rivalität, wie sie höchstens noch unter den Anhängern zweier um den Meistertitel kämpfender Fußballklubs ein Gegenstück findet.

Es war eine schlechterdings weltanschauliche Kluft, die sich zwischen den beiden Schulen aufgetan hatte, und sie ging nicht nur auf den zu persönlicher Feindschaft verhärteten Bruch zwischen ihren Führern zurück, nicht nur darauf, daß die Psychoanalytiker in Adler einen Dissidenten sahen und die Individualpsychologen in Freud einen Despoten. Sie ging tiefer; und ihr weltanschaulicher Aspekt darf in der Tat nicht übersehen werden.

Er lag eigentlich schon der Trennung zugrunde. Wenn Adler das »Primat der Sexualität«, dem Freud eine so übermächtige Rolle zuwies, nicht anerkennen wollte; wenn er dem Bild des vom Triebleben abhängigen Individuums das Postulat des »Gemeinschaftsgefühls« entgegenstellte; wenn er die Schwierigkeiten des Einzelnen im Umgang mit der Gesellschaft für erheblicher und beseitigenswerter hielt als die Schwierigkeiten im Umgang mit der Libido und sich mehr für »Minderwertigkeitsgefühl« oder »Überkompensation« interessierte als für »Ödipuskomplex« oder »Sublimierung«, so tat er das alles im Hinblick auf eine ganz bestimmte

Funktion seiner Lehre: die pädagogische. Alfred Adler glaubte an die Möglichkeit, den Menschen zu erziehen. Er war ein Optimist und Sozialdemokrat.

An dieser Stelle empfiehlt sich die Bereinigung eines formalen Mißverständnisses, dem die Individualpsychologie von jeher ausgesetzt war. Sie heißt nicht deshalb so, weil sie sich den individuellen Kümmernissen des Menschen widmet, sondern weil sie den Menschen als eine im ursprünglichen Wortsinn individuale, als unteilbare Persönlichkeit betrachtet und behandelt. Sie opponiert also nicht einer etwa kollektivistischen Lehre Freuds, sondern im Gegenteil deren Neigung, aus dem unteilbaren Ganzen einen (irrationalen oder unbewußten) Teil herauszusondern, der alles übrige, was den Menschen ausmacht, beherrscht.

Mit Fug und Verdienst weist Sperber in diesem Zusammenhang auf die soziale Bedingtheit der von Freud entdeckten seelischen Krankheitssymptome hin, genauer auf ihre ökonomische Begrenzung: »(Es war) undenkbar, geradezu lächerlich, daß eine Frau des Volkes sich über ihre Nervosität beklagen könnte. Nervös war man erst von einem bestimmten Stand oder von einer bestimmten Einkommenshöhe aufwärts ...«

Daß auch Arbeiter und Arbeiterfrauen seelische Schwierigkeiten haben, zu deren Bewältigung sie ärztlicher Hilfe bedürfen, dieser Vorstoß in psychotherapeutisches Neuland war eine der großen Leistungen Alfred Adlers.

Indessen muß vor allzu naiven Antithesen und allzu klobigen Definitionen gewarnt werden. Daß die Psychoanalyse eine »kausale« und die Individualpsychologie eine »finale« Methode sei, daß Freud nach dem »Warum« menschlichen Verhaltens fragt und Adler nach dem »Wozu« – mit solcher Vulgärunterscheidung war von Anfang an nicht viel Staat zu machen. Kein »Warum«, das sich nicht aufs »Wozu« ausweiten würde, kein »Wozu« ohne Rückgriff auf das »Warum«.

In der Praxis hat sich die Angleichung ohnehin längst vollzogen, ist die einstige Divergenz längst zur Konvergenz geworden. Aber selbst in ihren Anfängen wiesen die Zielsetzungen der beiden Schulen mehr Gemeinsames als Trennendes auf. Natürlich wäre die Adler'sche Therapie, ja seine ganze Lehre, völlig undenkbar ohne die Psychoanalyse, von der sie abstammt, natürlich waren Technik und Systematik wesensgleich, natürlich war Freud das bahnbrechende Genie und Adler der *down to earth* operierende Anwender. Aber das macht ihn noch lange nicht zum Epigonen. Er hat die von Freud gebrochene Bahn in eine Richtung gelenkt, die durchaus Eigenständigkeit beanspruchen darf, er hat Verbindungswege hergestellt, die im »weiten Land der Seele« (wie Arthur Schnitzler es nannte) eine bessere Kommunikation ermöglichten.

Es liegt auf der Hand und liegt in der Natur der Sache – nämlich des Menschen –, daß er dabei vielfach die gleichen Ausgangspunkte wahrnahm, also beispielsweise die Eindrücke der frühesten Kindheit als ebenso bestimmend für den in Formung begriffenen Menschen ansah, wie Freud es tat. Allerdings – und auch das wird von Sperber sehr einleuchtend dargelegt – erschienen ihm die unbewußt sexuellen Kindheitserlebnisse minder aufschlußreich als etwa die »Sprechverweigerung«, mittels deren ein von der Familie verzärteltes Kind den drohenden Verlust seiner Mittelpunktposition zu verhindern sucht und sich solcherart anschickt, späterhin kein Auslangen mit der menschlichen Gemeinschaft zu finden.

Offen bleibe die Frage, ob die glaubhafteren Schlüsse aus der egozentrischen Situation des Kleinkindes zu ziehen sind oder aus der libidinösen. (»Er war als Säugling im Zimmer / Als der Großvater immer / Die Großmutter nahm«, läßt Karl Kraus den »Chor der Psychoanalen« singen.)

»Sprechverweigerung«, im übrigen, ist eine jener glücklichen Wortschöpfungen, mit denen Adler manch einen komplizierten Sachverhalt blitzartig erhellt und umreißt. Zu diesen von Sperber hervorgehobenen »Schlüsselworten der Adler'schen Entlarvungspsychologie« gehört auch der »Kunstgriff«, der aus vorgeblich Unbewußtem eine Gewissensentlastung hervorholt, gehört der »Aggressionstrieb«, der sich im Bedarfsfall zu einem »Arrangement« mit der Umwelt versteht, ohne darum sein Ziel aufzugeben, gehört der ohne weiteres verständliche »Gruppenegoismus« und das »tendenziöse Apperzeptionsschema«, von Sperber des öfteren und mit Recht durch die weniger anspruchsvolle Lesart ersetzt, daß man immer nur das akzeptiert, was einem »in den Kram paßt«.

Wie Sperber denn überhaupt mit Formulierungen aufwartet, die an Präzision und Prägnanz denen seines Lehrers um nichts nachstehen. So etwa, wenn er von der »Prioritätshascherei« konkurrierender Forscher spricht, von planmäßigem »Entwertungsverfahren« und vom »Pathos des Verkanntseins«, wenn er den Unterschied zwischen »berechtigt« und »begründet« oder zwischen einer »deutungsbedürftigen Fehlleistung« und einer »erklärungsbedürftigen Fehlhandlung« definiert. Er ist, ungeachtet seines doch eher äußerlichen Abfalls von Alfred Adler, ungeachtet aller Widersprüche, die er anmeldet (und manchmal auch hervorruft), ein Adler-Schüler par excellence, ein exzellenter Individualpsychologe.

Das zeigt sich nicht zuletzt in der selbstkritischen Unsicherheit, die ihn zu Fragestellungen veranlaßt, wo andere sich mit Feststellungen begnügen würden. Und es sind keine »Scheinfragen, die den Zugang zum wirklichen Problem blockieren«. Es sind Fragen aus echtem, produktivem Zweifel. Sperber hat den »Mut zur Unvollkommenheit«. Er weiß und sagt, daß man »zuerst lernen muß, wie man lernt, und schließlich, wie man lebt«. Er weiß und sagt, daß es »nicht genügt, als Mensch geboren zu sein; man muß lernen, als Mitmensch zu leben«.

Wenn aber dem allen so ist – worin bestünde dann das im Untertitel seines Buchs präsentierte »Elend der Psychologie«?

Nun: eben darin, daß all diese Erkenntnisse zwar zu Recht bestehen, aber zu keiner Wirkung kommen; daß sie dem Menschen, wenn's hoch kommt, zwar zu besserem Selbstverständnis verhelfen, nicht aber den Menschen zu gegenseitigem Verstehen; daß sie, kurz gesagt, an der *condition humaine* nichts oder nur sehr wenig geändert haben. Das ungelöste »Restproblem« (um noch rasch einen Adler'schen Terminus zu gebrauchen) ist größer als alle gelösten Probleme zusammen.

Immerhin wird, wer das Buch von Manès Sperber gelesen hat, besser als zuvor in der Lage sein, an der Abdeckung des Restes mitzuwirken.

Manès Sperber: *Alfred Adler oder Das Elend der Psychologie.* Verlag Fritz Molden, Wien, 1970.

All das Vergangene . . .

Manès Sperber: Die vergebliche Warnung
(1975)

Es wird jetzt mehr als ein Vierteljahrhundert her sein, daß die englische Ausgabe von Manès Sperbers »Verbranntem Dornbusch«, dem ersten Teil seiner Romantrilogie »Wie eine Träne im Ozean«, auf der Titelseite der »New York Times Book Review« enthusiastisch besprochen und in die Nähe Tolstojs gerückt wurde. Die Besprechung stammte von Upton Sinclair.

Inzwischen hat Sperber – 1905 im Osten der alten Donaumonarchie geboren, seit dem Ende des Zweiten Weltkriegs in Paris ansässig, deutsch und französisch schreibend – auch in Europa und zumal im deutschen Sprachraum die ihm gebührende Anerkennung gefunden, hat gewichtige literarische Preise und Auszeichnungen eingeheimst, darunter den Goethe-Preis der Hamburger FvS-Stiftung und den Büchner-Preis der Darmstädter Akademie für Sprache und Dichtung. Eine ganz schöne Karriere für einen Mann, der laut eigener Aussage »weder Politiker noch Schriftsteller« werden wollte. Er ist beides geworden. Er ist einer der großen politischen Schriftsteller unserer Tage.

Die eigene Aussage findet sich im soeben erschienenen zweiten Band seiner auf drei Bände angelegten Selbstbiographie. Der Band führt den vielsagenden Titel »Die vergebliche Warnung« und schließt unmittelbar dort an, wo der Eröffnungsband (»Die Wasserträger Gottes«) aufgehört hatte: 1918, am Ende des Ersten Weltkriegs. Sein Inhalt erstreckt sich bis zur Machtergreifung Hitlers im Frühjahr 1933 (als Sperber in Berlin verhaftet wurde), umfaßt also die Zeit vom

13. bis zum 28. Lebensjahr des Autors, die Zeit seiner Entwicklung und seines Reifens, die Zeit der Eindrücke und Erlebnisse, die ihn geformt haben.

Es war eine wilde und bewegte Zeit, wild und bewegt auch in den wenigen Jahren ihrer trügerischen Prosperität. Uns Heutigen ist klar, daß sie geraden Wegs auf den bisher unheilvollsten Abschnitt in der Geschichte der zivilisierten Menschheit lossteuerte, auf den mörderischen Wahnwitz der nationalsozialistischen Herrschaft, auf die Blutbäder des Zweiten Weltkriegs, auf die rotfaschistische Ausformung der totalen Diktatur. Sperber hat diese Vorbereitungszeit des Grauens mit den offenen, überwachen Augen eines schon frühzeitig zur Flucht Gezwungenen, eines schon als Kind mit allem Elend der Entwurzelung Konfrontierten erlebt, zuerst in Wien und dann, noch während der so gerne als »golden« bezeichneten zwanziger Jahre, in Berlin. Er weiß, wovon er spricht. Dennoch verzichtet er auf den Überblick rückwärtsgewandter Prophetie, dennoch geht er das Risiko ein, die Ereignisse unter sozusagen zentripetalem Blickwinkel zu schildern, sich selbst zu ihrem Staubecken oder bestenfalls zu ihrem Reflex zu machen und nichts zu reflektieren, was nicht ihn persönlich betroffen hätte.

Aber er tut das keineswegs deshalb, weil er, arrivierter Siebziger auf allseits bestätigtem Gipfel, seine Person für so wichtig hielte, daß er Anspruch darauf erheben darf, sich in den Mittelpunkt zu stellen, Anspruch auf allseitiges Interesse noch für die geringfügigsten seiner Wahrnehmungen und Überlegungen. Sondern was seiner Darstellungsweise zugrunde liegt, ist die äußerste Ehrlichkeit, ist die durchaus freiwillig eingegangene Verpflichtung, alles so wiederzugeben, wie es sich seinem Rechenschaftsbedürfnis *damals* dargestellt hat, Abstand zu halten von jener als Bescheidenheit oder gar selbstironisch getarnten Koketterie, mit der so mancher Autobiograph um das Wohlwollen seiner Mitwelt buhlt.

Sperber tut nichts dergleichen und hat es niemals getan, weder literarisch noch politisch noch im persönlichen Umgang. Er ist das ziemlich genaue Gegenteil eines Opportunisten.

Aus seiner Ehrlichkeit und nicht etwa aus eitler Selbstbespiegelung verstehen sich auch die in den Text eingestreuten Eigenzitate. Diese oder jene Formulierung ist ihm eben schon früher eingefallen, eine beßre find'st du nit, und er hielte es ganz einfach für unstatthaft, dem Leser eine spätere Inspiration vorzutäuschen. Hieher gehört auch der Freimut seines Einbekenntnisses, daß und wie er diesen oder jenen Menschen, der ihm begegnet ist, später zu einer Romanfigur verarbeitet hat. Hieher gehört die Sachlichkeit, mit der er seine Enttäuschungen, seine Nöte, seine Irrtümer und Fehlschläge verbucht. Und hieher gehört, wahrhaftig nicht zuletzt, die Selbstverständlichkeit seiner jüdischen Haltung, der immanente, ganz und gar unaufdringliche Stolz seiner Zugehörigkeit zum »Volk des Buches«, obschon er sich weder vom alten Väterglauben noch der zionistischen Renaissancebewegung gestützt fühlt. Jenes haben wir aus dem vorangegangenen Band, den »Wasserträgern Gottes« erfahren, dieses erfahren wir jetzt aus der »Vergeblichen Warnung« und erfahren es mit ungetrübtem Respekt. Manès Sperber ist wie wenige seiner Artgenossen mit seinem Judentum im reinen. Das spezifische, von ihm als »assoziativ« bezeichnete Schicksalsgefühl des heutigen Juden ergibt sich ihm von selbst aus dem historischen Kontinuitätsbewußtsein der uralten Gemeinschaft: »Wir waren dabei, und unsere Urenkel werden dabei gewesen sein«, schreibt er. »Nicht nur am Sinai haben wir uns alle die erdrückende Bürde der Gesetzestafeln aufgeladen, nein, noch heute fallen wir unter den Wällen des von Nebukadnezar zerstörten Jerusalem, sitzen wir weinend an den Wassern Babylons, sterben wir wieder in dem von Titus eroberten Jerusalem und später in Massadah, verbrennen wir in den Autodafés Spaniens und ... und ... und ...«

Gerade die selbstverständliche Immanenz dieses Bewußtseins widersetzt sich der Feststellung, daß Sperber von seinem Judentum »geprägt« worden sei. Geprägt haben ihn Erlebnisse und Begegnungen, wie sie in der Zeit zwischen den beiden Weltkriegen wohl jedem Heranwachsenden in unseren Breiten hätten zustoßen können, geprägt haben ihn die Wirren und Leiden der Umsturzjahre nach 1918, das Zerbröckeln der einstigen Werte und Hierarchien, die alsbald als trügerisch entlarvte Hoffnung auf ein neues Leben, geprägt haben ihn vor allem zwei Phänomene, die um jene Zeit zu ihrem bis heute wirksamen Aufschwung ansetzten: die analytische Tiefseelenforschung und der Kommunismus. Geprägt hat ihn, der sich ihnen beiden hoffnungsfroh zugewandt hatte, seine Abkehr von beiden (die übrigens – so, wie sie damals auf ihn zukamen – mancherlei Verbindendes aufwiesen).

Es war Sigmund Freuds bedeutendster Schüler und Dissident, es war Alfred Adler, der Begründer der Individualpsychologie, dem Sperbers erste und – wie er selbst sagt – von »dithyrambischer Bewunderung« getragene Buchveröffentlichung galt. Mehr als vierzig Jahre später hat er sich in einem wesentlich umfangreicheren Werk, betitelt »Alfred Adler oder Das Elend der Psychologie«, nochmals mit dem gleichen Thema auseinandergesetzt: die Plus- und Minuspunkte der Lehre wie des Lehrers nüchtern abwägend, mit einem Gerechtigkeitssinn, der die Pein der Trennung und den Zorn über ihre Ursachen kaum zum Vorschein kommen läßt. Das alles hat er sich hier, in seinen wieder um Jahre später niedergelegten Memoiren, aus der von damals her erinnerten Sicht von der Seele geschrieben, und damit gut. Selten noch ist ein so schmerzhaft einschneidender Bruch so distanziert bewältigt worden.

Auch seinen Bruch mit dem Kommunismus hat Sperber ohne jeden Eklat und ohne nachträgliche Rankünе vollzogen und verkraftet. Ausschlaggebend für diesen Bruch war der Opportunismus der Parteilinie während des nationalsozialistischen Machtanstiegs, weniger jedoch ihre politische Untauglichkeit als vielmehr die Brutalität, mit der das Dogma über die Gesinnung hinwegtrampelte. Bewundernswert, wie zurückhaltend Sperber seine innere Verstörtheit schildert, bewundernswert die Sympathie, die er einem vom Parteigehorsam verwüsteten Apparatschik namens Plontin angedeihen läßt. Vielleicht ohne daß er's will oder weiß, erscheint Sperbers Abkehr vom Kommunismus nicht als Ergebnis einer dialektischen Denkprozedur (wie sie einem geschulten Marxisten anstünde), sondern als menschliche Antwort auf eine unmenschliche Ideologie. Sogar bei der Schilderung kommunistischer Diskussionstechnik – »Du mußt die Frage anders stellen, Genosse« – versagt er sich jeden rückwirkenden Sarkasmus, und es geschieht beinahe absichtslos, wenn ihm gelegentlich eine so blitzblank vernichtende Formulierung wie »Stampigliensprache« aus der Feder kommt. (Karl Kraus, den ein Volkseigener Betrieb von Leichenfledderern in Ostberlin neuerdings für den Kommunismus reklamieren möchte, erfand zu ähnlichem Behuf den Ausdruck »Moskauderwelsch«.)

Im übrigen mag Sperber etlichen Nutzen daraus ziehen, daß er mittlerweile in einer zweiten Sprache, im Französischen, volles Heimatrecht erworben hat. Das ist gut für die *clarté*. »Wer ohne Hoffnung lebt, verzweifelt nicht mehr« – läßt sich die Resignation des trotzdem Weiterlebens präziser ausdrücken? Oder, im Zusammenhang mit den zum ewigen Fragment verurteilten Bemühungen um seinen Romanzyklus: »Ich bemale eine Wand, deren Ende ich abzusehen glaube, aber sie verlängert sich, während ich malend fortschreite, so daß ihr Ende stets so ferne bleibt wie beim ersten

Pinselstrich.« Oder zur Charakterisierung der Gespräche, die er in seiner individualpsychologischen Praxis geführt hat und bei denen auch das Unausgesprochene mitgehört werden mußte: »Die Regentropfen wurden nicht vom Boden verschlungen, sondern von einer tiefen Zisterne aufgenommen und bewahrt.« Er kann, zum Glück, den Literaten nicht verleugnen. Die Erinnerungen, die von den Stätten vergangener Ereignisse in ihm wachgerufen werden, sind »zumeist weit weniger lebendig, weniger unmittelbar als jene, die das Schreiben in mir seit dem Tage erweckt, an dem ich begonnen habe, von ›all dem Vergangenen‹ zu erzählen.«

»All das Vergangene«: das ist der gemeinsame Untertitel der drei Erinnerungsbände. »All das Vergangene«: das sind, in diesem zweiten Band, fünfzehn geschichts- und katastrophenträchtige Jahre, erlebt und dargestellt mit einer Intensität, die aus ihrer persönlichen Färbung um so eindringlicher ins Allgemeine zielt. »All das Vergangene«: das sind Begegnungen und Erfahrungen mit Zeitgenossen, deren bunte Reihe vom »sexpol«-besessenen Psychologen Reich über Kisch und Krleža bis zur geheimnisvollen Figur des Meisterspions Sorge reicht. »All das Vergangene« ist eines der lesenswertesten Bücher seit langem. Es legitimiert den Werdegang seines Autors zu einem großen Humanisten, es legitimiert seine Position als Mentor und Warner vor dem Zugriff jener verlogenen Barbarei, die uns an der Kehle sitzt.

Manès Sperber hat sich die Kehle frei gemacht. Und wenn er jetzt zu uns redet, soll man ihm zuhören.

Manès Sperber: *Die vergebliche Warnung*. Europa Verlag, Wien 1975.

Der absolute Dichter

Georg Trakl: Dichtungen und Briefe
(1970)

»Der Brenner«, seit 1910 von Ludwig von Ficker in großen, oft jahrelangen Intervallen herausgegeben (und während der Nazizeit eingestellt), erschien 1954 in achtzehnter Folge, die zugleich seine letzte war: »Ende des Brenner« lautete der kleingedruckte Vermerk am Schluß des 285 Seiten starken Heftes.

Ungefähr 20 Seiten dieses Heftes enthielten unter dem Titel »Das Vermächtnis Georg Trakls« die wahrscheinlich vornehmste Polemik, die je in deutscher Sprache geschrieben worden ist. Sie richtete sich gegen den Herausgeber einer dreibändigen Trakl-Gesamtausgabe, dem der ehrwürdige, damals schon vierundsiebzigjährige Ludwig von Ficker – er starb 1967 im Alter von 86 Jahren – »fatale Widersprüche«, »freischaltende Literatenwillkür«, »Verwechslungen« und »Zweideutigkeiten« vorwarf.

Wer die noble, abgeklärte Wesensart und Weisheit des großen Alten aus persönlicher Wahrnehmung kennengelernt hat, kann desto besser den Zorn ermessen, dem nur noch solcher Ausdruck offenblieb; und darf sicher sein, daß der Mann, »ohne dessen Freundschaft zu Georg Trakl es Trakls Dichtung nicht gäbe« (wie es mit Recht im Vorwort der jetzigen Herausgeber heißt), sich niemals solcher Ausdrücke bedient haben würde, wenn sein Zorn nicht Grund und Fug gehabt hätte.

Da es der Verlag Otto Müller in Salzburg war, der jene fragwürdigen drei Bände publiziert hatte, geht man vielleicht nicht gänzlich fehl in der Anschauung, daß mit der jetzt von

Walther Killy und Hans Szklenar besorgten, letzt- und endgültigen Ausgabe »in memoriam Ludwig von Ficker« eine Art Wiedergutmachung geleistet sei, zu der man dem Verlag dann also zweifach gratulieren müßte.

Zunächst wird man freilich von einem leisen Schrecken überkommen: Die beiden dickleibigen, großformatigen Bände mit ihren mehr als 1400 Seiten scheinen zum Werk eines so zarten, so tragisch fragilen, so jung dahingegangenen Dichters nicht recht zu passen. Doch zeigt sich alsbald, daß dieser historisch-kritische Preis, den man für die Akribie der Herausgeber zu entrichten hat, keine Überforderung darstellt.

Die Geduld, die sie walten ließen, darf füglich auch vom Leser gefordert werden. Er wird, wenn er sich erst einmal eingearbeitet hat, mit großem Gewinn dahinterkommen, auf welch wohldurchdachter Systematik die Aufgliederung der lyrischen und brieflichen Texte beruht oder warum die verschiedenen Fassungen eines Gedichts nicht hintereinandergesetzt sind, vielmehr die zweite oft lang vor der ersten (beispielsweise »Heiterer Frühling«: 2. Fassung S. 49, 1. Fassung S. 363; beispielsweise das Else Lasker-Schüler gewidmete »Abendland«: 4. Fassung S. 139, 1. Fassung S. 399), oder in welchem zeitlich-sachlichen Verhältnis manche Briefe zu manchen Gedichten stehen.

Natürlich hätte sich da und dort eine andre Anordnung denken, eine deutlichere Bezüglichkeit herstellen lassen. Wer im I. Band auf S. 260 »Die Nacht der Armen« liest, erfährt nichts von ihrem brieflichen Zusammenhang, und wer im selben Band auf S. 549 einen an Erhard Buschbeck gerichteten Brief zu lesen beginnt: *Indem ich Dir diese wenigen Rhythmen aus meinem Inferno übermittle ...*, erfährt nicht, daß mit eben diesen Rhythmen »Die Nacht der Armen« gemeint ist; er erfährt es erst aus der »Überlieferungs«-Geschichte auf S. 629 des II. Bandes. Da scheint Ludwig von Ficker in dem

1926 von ihm herausgegebenen Sammelband »Erinnerung an Georg Trakl« doch sinnfälliger verfahren zu sein, wenn er Brief und Gedicht in einem abdruckt. Das Gedicht ist ein integraler Bestandteil des Briefs, keine bloße »Beilage«.

Indessen wäre es ein unbilliges Verlangen, daß die Herausgeber ihre Systematik um eines Einzelfalles willen durchbrechen sollten. Denn ein solcher liegt vor. Unter den rund 150 Briefen Georg Trakls, von denen mehr als 100 hier zum erstenmal veröffentlicht sind, stehen nur die allerwenigsten in einer direkten Wechselbeziehung zu seinem lyrischen Œuvre, geschweige denn daß sie – wie etwa bei der Lasker-Schüler – als eine lediglich andre Ausdrucksform dieses Œeuvres gelten könnten.

Eher noch finden sich lyrische oder lyrisch rhythmisierte Stellen in Trakls Prosa: *O des verfluchten Geschlechts. Wenn in befleckten Zimmern jegliches Schicksal vollendet ist, tritt mit modernden Schritten der Tod ins Haus* (aus »Sebastian im Traum«); oder: *Aufflackert ihr Sterne in meinen gewölbten Brauen; und es läutet leise das Herz in der Nacht* (aus »Offenbarung und Untergang«). Und eher noch kann es geschehen, daß Trakl zu seinen Gedichten brieflich eine Distanz gewinnt, als wären sie ihm von andersher zur Prüfung und Korrektur übermittelt worden.

In den meisten Fällen jedoch sind es harte, nüchterne, fast möchte man sagen: nüchtern verzweifelte Briefe, erbarmungslose Zeugnisse einer Selbstzerfleischung und einer Untergangsstimmung, die sich mit dem größeren ringsum schon angebrochenen Untergang in vollem Einklang weiß. Auch Trakls Lyrik bannt ja die Visionen dieses Untergangs nicht deshalb ins Wort, um sie zu verzögern oder gar zu verhindern, sondern um sich ihnen zu verbrüdern.

Er hat sich durchaus als ein dem Untergang Eingeordneter verstanden, von Anfang an und mit einer Intensität, wie man sie höchstens noch von Kafka her kennt. Der zweite der beiden »Aphorismen« (S. 463) bekundet es: *Gefühl in den Augenblicken totenähnlichen Seins: Alle Menschen sind der Liebe wert. Erwachend fühlst du die Bitternis der Welt; darin ist alle deine ungelöste Schuld; dein Gedicht eine unvollkommene Sühne.*

Die Lockung, nach weiteren Verwandtschaften zu spüren, findet zumal im Vergleich der Lesarten reichen, bisweilen überraschenden Stoff – wobei es nicht nur formale Anklänge sind, die da an andere Expressionisten gemahnen. Zeilen wie die Schlußstrophe des »Untergangs« (S. 116, 5. Fassung!):

Immer klingen die weißen Mauern der Stadt
Unter Dornenbogen
O mein Bruder klimmen wir blinde
Zeiger gen Mitternacht

könnten ebensogut von Else Lasker-Schüler stammen (kein Zufall, daß die beiden einander geschätzt haben, kein Zufall auch, daß sie sich in gemeinsamer und wechselseitiger Schätzung von Karl Kraus gefunden haben). Hingegen wäre man bei den zwei Gedichtanfängen

In den einsamen Stunden des Geistes
Ist es schön, in der Sonne zu gehn

und

Wenn der Tag zu Ende gebrannt ist,
Ist es schwer, nach Hause zu gehn

unwillkürlich geneigt, Trakl als Autor des zweiten zu vermuten – der aber von Berthold Viertel stammt. Noch seltsamer eine Anfangsstrophe wie die folgende (S. 215):

Mich däucht, ich träumte von Blätterfall,
Von weiten Wäldern und dunklen Seen,
Von trauriger Worte Widerhall –
Doch konnt' ich ihren Sinn nicht verstehn.

Immerhin aus dem Jahre 1909, und seltsam schon deshalb, weil man sich leicht vorstellen könnte, daß Heine für Trakl praktisch nicht existiert hat, schon gar nicht der Heine des leichtfertigen Wortspiels:

Die Tore jedoch, sie ließen
Mein Liebchen entwischen gar still.
Ein Tor ist immer willig,
Wenn eine Törin will.

Und bei Trakl (S. 223):

Gleich Bettlern ist uns nichts zu eigen,
Uns Toren am verschlossnen Tor.

Aber was soll's, und was will solcherlei besagen selbst vor zwei als »Fragment« verbuchten Zeilen wie denen auf S. 431:

Nächtliche Buchen; es wohnt im Herzen
Dunkler Landschaft ein roter Wurm.

Fragment? Ein vollkommenes Gedicht!

Vollkommen: das ist es, das ist die einzig zulängliche Chiffre für Georg Trakls Lyrik. Eine unerbittliche, eine qualvolle, eine bis an den äußersten Rand des sprachlichen Geschehens hingebaute Vollkommenheit. »Es gibt«, sagen im Vorwort die Herausgeber, »keinen neueren Dichter deutscher Zunge, Hölderlin ausgenommen, dessen Verse so sehr Ergebnis eines übersehbaren, aber komplexen Entstehungsvorganges sind, aus dessen Zusammenhang sie sich niemals endgültig lösen.«

Darin liegt das eigentliche Verdienst und Ereignis dieser Monumentalausgabe: daß es den Herausgebern tatsächlich gelungen ist, jenen »Entstehungsvorgang« anschaulich zu machen. Und ihrer ein wenig unvermuteten Wertung: »Es ist keine absolute Poesie«, darf man getrost das Fazit gegenüberstellen, zu dem (an anderem Ort) der in Paris wirkende Germanist Georges Schlocker gelangt ist: »Diese Gedichte haben keinen rational faßbaren Inhalt, sie geben ›verlorene Zeichen‹ des Schreckens und der Verstörung ... Indem er die logischen Verknüpfungen im Vers aufgab und in sich autonome Bildverbindungen schuf, wurde Trakl der erste und einzige ›absolute‹ Dichter deutscher Sprache.«

Bleibt allenfalls noch anzufügen, daß Trakls Einzigartigkeit nicht bloß der »neueren« deutschen Dichtung gegenüber besteht, sondern mehr noch der neuesten gegenüber. Nämlich: daß er alles, was sich heute als »konkrete« Lyrik anbietet, weitaus vorweggenommen hat.

Georg Trakl: *Dichtungen und Briefe.* Historisch-kritische Ausgabe in zwei Bänden. Otto Müller Verlag, Salzburg, 1970.

Gottes Kind und Gottes Sänger

Persönliche Anmerkungen über Franz Werfel
(1955)

Es ist nicht ungefährlich, Dichter aus der Nähe kennen zu lernen. Sie entsprechen nur in den seltensten Fällen der Vorstellung, die man sich auf Grund ihres Werks von ihnen gemacht hat, und oft genug widersprechen sie ihr geradezu, oft genug führt solches »Kennenlernen« zu einer Enttäuschung nicht nur in bezug auf die Person, sondern, rückwirkend, auch in bezug auf das Werk: das man hernach mit andern Augen sieht, das von der Person her in Frage und in Zweifel gestellt erscheint, und das einem alsdann vielleicht minder gefallen will als zuvor.

Bei Franz Werfel, dem lebensnahen und himmelsfrohen, der vor zehn Jahren, noch nicht 55jährig, buchstäblich an gebrochenem Herzen im Exil verstarb; in dessen Lächeln die Spitzbüberei eines von Gott verwöhnten Kindes sich mit der Wehmut eines um Gottes Wohlergehn besorgten Weisen mischte; und dessen füllige Heiterkeit immer zugleich von dieser Welt war und von jener –: bei Franz Werfel bestand die Gefahr einer solchen Enttäuschung nicht. Wen sein Werk zur Bekanntschaft mit ihm gelockt hatte, der fand alle Vorstellungen, die er sich vom Autor dieses Werks gemacht haben mochte, glorreich bestätigt, der war dem Werk hernach noch fragloser, noch zweifelsfreier zugetan, mitsamt den kleinen Schwächen, die es aufwies und die sich von der Person her, rückwirkend, als Stärken offenbarten: nämlich als Echtheiten. Franz Werfel nämlich – und ich wüßte nicht, wie ich ihn besser bezeichnen und besser rühmen könnte – war ein echter Dichter.

Was heißt das eigentlich? Warum will solche Bezeichnung heute bereits als Huldigung verstanden sein? Und soll, wenn wir sie so verstehen, der Ton auf »echt« liegen oder auf »Dichter«?

Rechtens und im Grunde wäre das »echt« als überflüssiger Zusatz abzutun und dürfte einer, dessen Echtheit nicht unantastbar feststeht, gar nicht als »Dichter« bezeichnet werden. Aber wie die Dinge nun einmal liegen, müssen wir's wohl ein wenig billiger geben, müssen uns damit abfinden, daß heutigentags schon als Leistung gilt, was früher deren simple Voraussetzung war, daß der einstige Pleonasmus gerade noch zur Begriffsklärung ausreicht, und daß – anders als auf dem segensreichen Gebiete des technischen Fortschritts, wo bekanntlich das Wunder von gestern die Selbstverständlichkeit von heute ist – im literarischen Bezirk die Selbstverständlichkeit von gestern sich heute als staunenswertes Wunder präsentiert.

Zu diesen Wundern gehört der echte Dichter: das ist einer, der seiner unverkennbaren Gottesgabe so voll ist, daß ihm nichts andres übrig bleibt als zu dichten, nur das und sonst nichts. Er könnte gar nichts andres tun selbst wenn möchte. Er möchte gar nichts andres tun selbst wenn er könnte. Er ist ein Dichter in allem was er tut, ist weder ein literarisch vermummter Pädagoge noch ein belletristisch aufgeputzter Bildungsprotz, ist kein Propagandist, der sich dichterischer Mittel »bedient« (also sie knechtet und entwürdigt), kein angewandter Theoretiker und kein mühseliger Wucherer mit dem Pfunde seiner Begabung. Sondern sie bricht und stürzt aus ihm hervor, sie ergießt sich in reichem, vollem Schwalle, der ihn schier überwältigen will und den er dennoch, Zauberlehrling und Hexenmeister in einem, immer noch mit knapper Not in die rechte Bahn zu lenken weiß, – es ist die einzige Not, die er kennt: die Not des Schöpferischen; und es ist die einzige Bahn, die ihm offensteht: sie führt aufwärts und immer dorthin, von wannen ihm die Gabe ward.

»Heilige Poesie / Himmelan schwebe sie« – es war dieses Goethewort, dem Werfel sich am innigsten verschrieben hatte und in dem ihm alles versammelt schien, was dichterische Sendung und Erfüllung irgend umschließen kann. Er hat seine poetische Begabung zeitlebens als Gottesgeschenk empfunden, nicht anders als das Leben selbst, das es täglich aufs neue zu empfangen und zu begleichen galt: eben durch den Ein-Klang, in den die beiden Geschenke und der Dank für sie zu bringen waren. Lebens- und Schaffensgefühl und -geheiß waren ihm durchaus eins, er lebte, um zu dichten, und er dichtete, um zu leben: »Um im Gesang zu offenbaren / Des Vaters Liebe durch den Sohn« *(Echnatons Sonnengesang)*. Es ist schon bei früherer Gelegenheit von mir darauf verwiesen worden,* daß es wirklich und ursprünglich Gesang war, zu dem er sich hingerissen fühlte, Gesang aus voller Brust, Lied, das aus der Kehle dringt; und daß in den Titeln seines Œuvres Kennzeichnungen wie »Lied« und »Gesang«, »Hymnus« und »Ballade« ständig wiederkehren (und weit häufiger zu finden sind als im Œuvre irgendeines anderen Zeitgenossen): *Abendgesang, Gesang einer Frau, Gesang von den großen Toten, Morgengesang eines Lumpen, Der Weltfreund singt, Wanderlied, Trinklied, Ein Lebenslied, Herbstlied, Mondlied eines Mädchens, Elternlied, Ein geistliches Lied, Ballade von den Begleitern, Ballade von der Krankheit, Traumballade, Tränenhymnus, Morgenhymnus*, und noch auf dem Theater *Bocksgesang*, und noch im Roman *Das Lied von Bernadette*.

Das geschah nicht beiläufig und nicht aus Koketterie. Es

* »Gedenkrede auf Franz Werfel«, gehalten in New York 1945, erschienen in der »Neuen Rundschau«, Stockholm, 1946/I, und in »PPP – Pamphlete, Parodien, Post Scripta«, Band III der Gesammelten Werke in Einzelausgaben, Verlag Langen Müller, München/Wien, 1964, S. 373 ff.

geschah aus organischer Notwendigkeit, aus eben jenem Zusammenhang und Zusammenklang von »Dichten« und »Singen«. Wie es denn auch kein Zufall war, daß Werfel über eine Tenorstimme verfügte, die sich hören lassen konnte (und hören ließ); daß in seinen Gedichten und in seiner erzählenden Prosa (»Die Geschwister von Neapel«; »Cella«) die Musik ihm immer wieder zum Thema oder zum Gleichnis wurde; und daß seine Verliebtheit in die Große Oper über den »Verdi«-Roman hinaus auch in der Erneuerung Verdi'scher Textbücher (»Die Macht des Schicksals«, »Simone Boccanegra«) ihre Früchte trug. Er war ein Dichter vom Liede her und zum Liede hin, ein echter Dichter.

Von hier aus, und nur von hier aus, sind die schon angedeuteten »Schwächen« seines Werks zu begreifen und, mehr als das, zu akzeptieren. Sie leugnen zu wollen, wäre albern, sie zu »entschuldigen« wäre ein übles Mißverständnis. Sie gehören zu seinem Werk, wie sie zum Menschen gehören, nicht nur zum Menschen überhaupt, sondern zu diesem Menschen Franz Werfel, der noch im glücklichsten Gelingen demütig seiner gottgewollten Unvollkommenheit inne war, den die eigene Schaffenskraft niemals darüber hinwegtäuschte, wie sehr das also Geschaffene doch Stück-Werk bleiben müsse, und dem selbst auf dem Gipfel eines weltweiten Ruhms nichts ferner lag, als mit steifem Unfehlbarkeits-Anspruch seine Selbstvergottung zu betreiben. Nicht als hätte er's vorsätzlich auf eine fromme Dosis von Mängeln angelegt, nicht als hätte er sich mit selbstgefälliger Naivität über die Gesetze der Kunst hinwegkünsteln wollen. Er gab schon sein Bestes und war schon überzeugt, daß er Besseres nicht zu geben vermochte. Nur lag ihm in der letzten Alternative doch an der inneren Gestaltung mehr als an der äußeren Gestalt, mehr an dem, *was* er zu sagen hatte, als daran, *wie* er es sagte: wenn es nur gesagt war, wenn es nur gehört wurde.

Formale Mängel also? Gewiß, und in erster Linie, und in seiner Prosa vor allem. Nichts aber wäre fahrlässiger, nichts wäre oberflächlicher und werkfremder, als seine Prosa darum in Bausch und Bogen abzutun und nur seine Gedichte gelten zu lassen, wie ihm das bisweilen geschah, mit besonderer Vorliebe von seiten einer hochnäsig konzessionsbereiten Ahnungslosigkeit (die ihm in Wahrheit nichts weiter vorzuwerfen wußte als den Erfolg). Denn es verhält sich keineswegs so, daß neben seinem lyrischen Werk das epische weder Bestand noch Berechtigung hätte und das dramatische nur insoweit, als es dem lyrischen handgreiflich zur Seite steht. Es verhält sich keineswegs so, daß in seinen Gedichten nichts Mangelhaftes zu finden wäre und in seinen Romanen und Novellen und Dramen nichts Meisterhaftes. Sogar in seiner didaktischen Prosa, in seinen Essays und Aphorismen, stehen höchst wesentliche und höchst brillant formulierte Aussagen, ohne die sein Werk nicht annähernd das wäre, was es ist. Und in seiner Lyrik steht manches, worauf man ebenso gut hätte verzichten mögen. Aber es ist alles vom gleichen Stoff, und ist aus solchem Stoff wie der zum Dichten.

Freilich: so wenig man dem Autor der »Vierzig Tage des Musa Dagh« oder des »Stern der Ungeborenen« die epische Legitimation absprechen wollte, dem Autor von »Juarez und Maximilian« oder von »Jacobowsky und der Oberst« die dramatische, dem Autor der »Kleinen Verhältnisse« oder des »Trauerhauses« die novellistische – freilich blieb es doch immer das Gedicht, wo er sich am tiefsten beheimatet wußte, am nächsten und nacktesten der Gnade seines Schöpfers und dem Geheimnis seiner Schöpfung überstellt: also dem Wort, welches am Anfang war, dem Wort als jenem »ersten Sanktus«, der ihm nächtens durchs Zimmer schwebt (»Während mich die Scham durchschauert / Ob ich seiner heilig bin«), dem Wort, welches mehr ist als die Dinge, und: »In sein Herz hineinzureichen / Heißt der Gottheit näher sein«. Gedichte wie dieses – die »Legende von der Sprache« –, Gedichte wie »Der Reim« oder »Das Gedicht« zeugen von einer so ehrfürchtigen Verantwortung vor dem Handwerk, dem zu obliegen ihm aufgegeben war, und zugleich von einem so erbarmungslosen Wissen um des Handwerks Material und Mühe, daß man beinahe geneigt ist, überall dort, wo diesem Wissen dennoch zuwidergelaufen wird, noch besseres Wissen zu vermuten. Es lag nicht vor. »Das Fremde ist mir wohlgelaunt / Es hat mich erwählt, daß es werde« heißt es im »Gedicht«, und so wird es wohl »das Fremde« gewesen sein, das ihn zu jener fundamentalen Erkenntnis befähigt hat, in die sein Sonett vom »Reim« einmündet: »Im Deutschen müssen sich *die Sachen* reimen« (das heißt die Wurzeln, nicht die Endungen). Und weiß Gott: bei Werfel reimen sie sich. Könnte »der schöne, strahlende Mensch«, dessen Auge »von allzuviel Erhelltsein« bricht, diesem Erhelltsein gültiger entsprechen als mit dem Jubelruf: »Oh Erde, Abend, Glück, oh auf der Welt sein!«? Käme bei der Schlußstrophe des Gedichtes »Vater und Sohn«:

Wie wir einst in grenzenlosem Lieben
Späße der Unendlichkeit getrieben,
Ahnen wir im Traum.
Und die leichte Hand zuckt nach der greisen,
Und in einer wunderbaren, leisen
Rührung stürzt der Raum

– käme da irgendeiner auf den Gedanken, daß ihn das uralte Reimpaar »Liebe – Triebe« in diese Unendlichkeit entführt? Und schwerlich wird ein zu kurzer Gnadenfrist wiedergewonnenes Leben sich in wollüstigere Überfülle hineinreimen können als in diesen Sonettschluß, der vom zweifachen Reim beinahe bersten will (»Eine Stunde nach dem Totentanz«, erst posthum veröffentlicht):

Atemlos horch ich. Da, ein chromatischer Schimmer
Fahl aus des Nachbarn geöffnetem Fenster fließt.
Vielleicht sitzt der Tod am Klavier als prüfender Stimmer.

Und während mein Leben sich regsamer bläht und genießt,
Fühl ich ihn lehnen im hörigen Nebenzimmer,
Wo er unsichtbar raschelnd das Abendblatt liest.

Aber dies alles, wie eigenständig und unbedingt sich's auch darbietet, wäre immer noch im Rahmen einer wild aufgeflakkerten Begabung (etwa vom Schlage des tragisch unvollendeten Klabund oder des früh entmannten Bertolt Brecht) denkbar gewesen: hätte es sich nicht eingespannt und hingeweitet in den größeren Rahmen eines Weltbilds, das am lyrischen Ausdruck allein nun wahrlich keine Genüge finden konnte und das sich die andern Ausdrucksformen alle erschließen *mußte*, aus purer, ganz wörtlich zu nehmender Lebens-Nötigung: »O Herr, zerreiße mich... Wort, prassle auf« – »Da brach ich aus in brüllende Erflehung« – »Mit unerträglichen Gewalten / Lohst Du in mir als Liebeslicht« – »Der Himmel barst. Und Gottes Taube wiegte / Begeistert sich im blauen Riesen-Wind« –: es sind vier Gedichte aus vier Entwicklungsphasen, denen diese Zitate entstammen: und fügen sich dennoch in eins, immer wieder, streben vom gleichen Ursprung zum gleichen Ziel, und der da ausgebrochen ist, prasselnd und brüllend, der da loht und birst und begeistert sich wiegt, braucht keinen Umweg zu scheuen, *weiß* von gar keinem Umweg, weiß nur von Wegen immer wieder, und geht einen jeglichen.

Franz Werfel, vor zehn Jahren zur Unzeit gestorben, wird noch eine kleine Zwischenzeit überleben müssen, ehe seine Zeit kommt. In dieser Zwischenzeit mag ihn eine unsichere Generation von Literaturkonsumenten und -konsumverteilern in ihren Prospekten getrost an falsche Stellen setzen und ihn die Lücken büßen lassen, die ihre eigenen sind. Zu seiner Zeit, wenn sie erst wieder da ist (ein drittes Mal, denn zweimal war sie es schon), wird er erkannt sein als einer der letzten im deutschen Sprachbereich, die sich noch Dichter nennen durften, wird er erkannt sein als ein echter Dichter.

Ich will als Verleger nicht begeistert sein …

Kurt Wolff: Briefwechsel aus den Jahren 1911 bis 1963
(1966)

Über den Verleger Kurt Wolff ist mehr geschrieben worden als über manchen seiner Autoren, und er wird wohl auch im Gedächtnis der deutschen Literatur länger leben als mancher von ihnen. Beides hat seine guten Gründe. Aber ihm selbst wäre es nur ein Beweis dafür, daß er (wie seine Freunde es bisweilen von ihm zu hören bekamen) »leider eine Menge Mist publiziert« habe; und um so weniger hätte es ihm eingeleuchtet, warum nun gar seine eigene Existenz, sein eigenes Wirken auf Bestand und Nachhall sollte rechnen dürfen.

Mit der Bescheidenheit, die sich hier kundzutun scheint, verhält sich's indessen nicht ganz so einfach. Fast ließe sie sich auf ihr Gegenteil zurückführen, auf eine skeptische, nachsichtig überlegene Einstellung zum Literaturbetrieb und zu den kleinen Eitelkeiten seiner Träger. Unter den vielen von Kurt Wolff verlegten Autoren gab es höchstens vier oder fünf, von deren Größe er wirklich überzeugt war, und mit der unirdischen Ausnahme Franz Kafkas (der ja in jeglicher Konfrontation eine Ausnahme bildet) hatten sie das Glück, von ihrer Größe auch selbst überzeugt zu sein. In diesen Fällen herrschte also Gleichgestimmtheit. Die anderen Dichter alle hielten viel mehr von sich, als Kurt Wolff ihnen insgeheim zugestehen mochte, und die Ironie seiner hieraus resultierenden Einstellung wäre (leicht überspitzt) auf die Formel zu bringen: »Wenn schon an den Dichtern, die ich verlege, so wenig dran ist – wie wenig muß dann erst an mir dran sein.« Hier freilich wurzelt bereits ein tiefer Respekt vor dem Phänomen der künstlerischen Kreativität, und die Bescheidenheit, die auf solchem Umweg zustande kam, war dann freilich viel echter als alles, was uns üblicherweise als Bescheidenheit demonstriert wird (und sich durch eben diese Demonstration aufhebt).

Ich glaube nicht, daß man Kurt Wolff persönlich gekannt haben muß, um das alles aus seinem Briefwechsel herauszulesen. Kaum eine Druckseite, die sich nicht dazu anböte. Und jene Umwegigkeit funktioniert folgerichtig auch hier. Man lernt Kurt Wolff aus den Briefen, die an ihn gerichtet sind, beinahe besser kennen als aus den Briefen, die er selbst geschrieben hat (und zwar brillant geschrieben hat). Die Konturen seiner Persönlichkeit erweisen sich an der Art, wie er auf seine Partner eingeht, klarer als an den (ohnehin seltenen) Anlässen, bei denen er aus sich herausgeht, sich dazu aufrafft, seine verlegerische Position zu verteidigen oder doch zu definieren, etwa im Verlauf des 1913 entstandenen und beiderseits nobel ausgetragenen Zerwürfnisses mit Karl Kraus: »Ich dagegen denke mir den Verleger ... als Seismograph, der bemüht sein soll, Erdbeben sachlich zu registrieren. Ich will Äußerungen der Zeit, soweit sie mir irgendwie wertvoll erscheinen ..., notieren und für die Öffentlichkeit zur Diskussion stellen. (Seismograph nicht Seismologe sein.)«

Oder die 1917 in einem Brief an Rilke enthaltene Begründung, was ihn in jungen Jahren zum Verlegerberuf getrieben hatte: »Es war der Wille, für das, was ich liebte, was mir wichtig, heutig, echt schien, zu wirken mit dem Ungestüm meiner Überzeugung, den Kampf aufzunehmen gegen den Moloch Dummheit und Publikum.«

Und beinahe rührend, wie er – in einem Feldpostbrief vom Jahre 1916 – sich selbst zu desavouieren versucht, um dem von zwei vorangegangenen Verlegern arg mißhandelten Heinrich Mann eine schönere Zukunft auszumalen (die dann tatsächlich folgte): »Ich will als Verleger nicht begeistert sein, sondern Bücher verkaufen, will Ihre Bücher nicht als objets d'art meinem Verlag einreihen, will ... für Sie und mit Ihnen viel Geld verdienen.«

Tatkräftiger Zuspruch wird auch Franz Kafka zuteil, der es im gleichen Jahr, in dem die Tantiemenabrechnung für Gustav Meyrink 75 000 Mark ergibt, auf 25 Mark bringt, ohne daß sich Kurt Wolff dadurch in seinem Urteil, seinem Glauben, seinem Einsatz hätte beirren lassen. Und ähnlich geht's noch 1945, im amerikanischen Exil, mit einem andern höchst gewichtigen Autor, Hermann Broch, dessen »Tod des Vergil« von Kurt Wolff unter unsäglichen Mühen deutsch und englisch herausgebracht wurde und der auf einen largen Verrechnungsvorschlag mit der Frage reagiert: »Glauben Sie wirklich, daß meine Tantiemen je die phantastische Höhe von $ 24.46 ... werden erreichen können?«

Vielerlei Reizvolles erfährt man aus diesem Buch, aus dieser Literaturgeschichte in Briefen, die ihre eigenen Treppenwitze mit sich bringt und ihre eigenen Hintergründe aufdeckt. Man erfährt von langwierigen Meinungsverschiedenheiten mit der Fürstin Mechtilde Lichnowsky, die Gestaltung eines Bucheinbands betreffend, von der Wichtigkeit, die Georg Trakl einer bestimmten Satztype beimißt, von der Sorgfalt, mit der Fritz von Unruh die Liste der zu beschickenden Kritiker zusammenstellt, von einer Korrespondenzpartnerin, die sich als »Ihre schwer verschuldete aber talentvolle« oder als »hochachtungsvollst Ihre etwas stark verärgerte« unterschreibt, aber es ist nicht die Lasker-Schüler, sondern das »sehr verehrte Fräulein Kolb«; und man erfährt das Urteil eines Korrespondenzpartners, welches lautet: »Ich habe nie eine Zeile von diesem Autor gelesen, die mir nicht auf das Eigenthümlichste mich angehend oder erstaunend gewesen wäre«, aber es ist nicht Thomas Mann, der das schreibt, sondern (mitsamt dem th im Jahre 1922) Rainer Maria Rilke über Franz Kafka. Man erfährt vom mutmaßlich einzigen Mal, da dieser Kafka energisch wurde und gegen den in Aussicht genommenen Zeichner des Titelblattes zur »Verwandlung« vorsorglich protestiert: »Es ist mir eingefallen, er könnte etwa das Insekt selbst zeichnen wollen. Das nicht, bitte das nicht!« Man erfährt von der freundwilligen Hilfsbereitschaft, mit der Max Brod, seinerseits noch gar nicht so fest im Sattel sitzend, sich schon für Andere einsetzt, außer für Kafka zum Beispiel für Robert Walser und für den auch von Karl Kraus geschätzten Lyriker Franz Janowitz. Man erfährt, was Toller unter »proletarischer Kunst« versteht und warum Franz Werfel seinen »Jugendballast« loswerden möchte, man erfährt von den kleinen und großen Problemen, mit denen die kleinen und großen Verlagsautoren bei ihrem Verleger anklopften, und einem jeden ward aufgetan, und nur ganz, ganz wenige sind nicht mit ihm zurechtgekommen; sie müssen, Friede ihrer Asche, unleidliche Gesellen gewesen sein.

So, gewissermaßen vor unseren Augen, formt sich dieser mehr als fünf Jahrzehnte umfassende Briefwechsel zu einem grandiosen Gebäude aus lauter Literatur, und immer wieder – bis in die jüngste Zeit, bis zu Pasternak und Grass – wird es neu aufgestockt, immer wieder strahlt aus neuen Fenstern neues Licht. Und wer weiß, wieviele Fenster des Gebäudes unbeleuchtet geblieben wären, wenn nicht Kurt Wolff darin geschaltet und gewaltet hätte, spürsinnig und stilbewußt, hingebungsvoll und souverän, selbstlos und selbstsicher: der eleganteste Geist, der uns in diesem Jahrhundert deutsche Literatur vermittelt hat.

Kurt Wolff: Briefwechsel eines Verlegers 1911–1963. Verlag Heinrich Scheffler, Frankfurt a. M., 1966.

In seinem Herzen blüht der Seidelbast ...*

Zu Carl Zuckmayers 60. Geburtstag (1956)

Das war in Zürich, 1938, kurz nach der Umwandlung Österreichs in die Ostmark. Wir standen damals erst am Anfang unsrer Emigration, Zuckmayer und ich und viele, viele andre, wir wußten nicht und wollten wohl gar nicht wissen, wie lange sie etwa dauern würde, wir hatten die Beschäftigung, Emigrant zu sein, noch nicht richtig erlernt. Sondern wir saßen nach der Premiere von Zuckmayers »Bellman« beisammen, als wäre es ganz einfach eine Premiere gewesen, also ganz einfach das wichtigste Ereignis der Welt, und keiner von uns allen hätte zweifeln mögen, daß sie das wirklich war. Das Zürcher Schauspielhaus hatte sie ja auch mit allem Einsatz und Elan herausgebracht, unter Leopold Lindtbergs Regie, mit Karl Paryla und Marion Wünsche in den Hauptrollen, für die am Josefstädter Theater – wo nämlich die Uraufführung hätte stattfinden sollen – Attila Hörbiger und Paula Wessely vorgesehen waren, und dazu kam es dann eben nicht, weil die Weltgeschichte dazwischentrat und weil wir in die Emigration mußten.

Aber an jenem Abend kam uns das alles kaum in den Sinn, noch weniger als sonst und sowieso, an jenem Abend war der neue Zuckmayer nun also in Zürich statt in Wien uraufgeführt worden, und hernach saßen die Beteiligten beisammen, wie man an solchen Abenden seit eh und je beisammenzusitzen pflegt: wohlgelaunt und zugleich erschöpft, aufgeregt

* Aus Zuckmayers eigenem Lied von den Cognacvögeln.

und zugleich ein wenig unsicher, ob die Aufregung der Mühe wert wäre. Im Extrazimmer des »Pfauen« saßen wir, viel Nachtmahl war bereits gegessen und viel vom Weine war bereits getrunken, und da war denn nicht mehr viel nötig, damit Zuckmayer nach der Laute griff und zu singen begann, Lieder aus seinem soeben uraufgeführten Stück, Lieder mit den Originalmelodien Carl Michael Bellmans, des schwedischen Villon, deren Texte er selbst übersetzt hatte, und zwar wunderschön übersetzt.

Beim ersten Lied hörten alle zu und klatschten frohen Beifall und einige konnten sogar mitsingen. Beim zweiten Lied hörten nicht mehr alle zu und nur wenige sangen mit. Beim dritten Lied ging's mit der Aufmerksamkeit und mit der Teilnahme weiter bergab, aber Zuckmayer merkte das nicht, denn er war ganz und gar in Carl Michael Bellmans Melodien und in die wunderschönen Texte versunken und versponnen und hörte nichts als sie. Als aber beim vierten oder fünften Lied nur noch ganz wenige zuhörten und als die noch wenigeren, die vorher immerhin mitgesungen hatten, nun nicht mehr sangen sondern geradewegs grölten, denn sie hatten viel vom Weine getrunken – da mußte auch Zuckmayer es endlich merken, und merkte es. Und weil auch er vom Weine voll war, machte er erst gar keinen Versuch, etwa mit Nachsicht oder Nachlässigkeit darüber hinwegzugehen oder mit der vornehmen Routine des Auftrittsgewohnten seinen Auftritt allmählich und unauffällig in die Geselligkeit ringsum zurückmünden zu lassen. Er schmiß die Laute hin, daß es krachte, er hieb auf den Tisch, daß die Gläser (die schon wieder voll mit dem Weine waren) nur so tanzten, und beugte sich ganz nahe an einen der Grölenden heran und sagte mit der unvermittelt leisen Stimme eines aus seligem Rausch unselig Erwachenden: »Du Hammel«, sagte er, und es war in der jäh entstandenen Stille allenthalben hörbar, »du dummer Hammel. So ein Lied ist ja viel zu schön für dich. Und wenn du nicht spürst, wie schön es ist, dann halt's Maul. Und wenn du's Maul nicht halten kannst, dann ...« Und die Aufforderung, die er anschloß, war nicht von ihm und auch von Carl Michael Bellman nicht.

Solches sprach ruhig und gegen Schluß fast schon friedfertig Carl Zuckmayer, Träger des Kleist-Preises und vieler andrer literarischer Ehrenzeichen, Autor unendlich zarter Gedichte und unendlich dichterischer Erzählungen, Autor einiger der besten und erfolgreichsten Stücke, die das deutsche Theater seit Gerhart Hauptmann geschenkt bekommen hatte, und Autor des Stücks, zu dessen Premierenfeier wir da beisammensaßen. Solches sprach er, und solches hätte an seiner Stelle kein andrer gesprochen.

Warum erzähle ich diese Geschichte? Sie ist nicht besonders ergiebig, sie enträt einer überraschenden oder witzigen Pointe, und es gibt weniges auf Erden, dem ich so abhold bin wie einer pointenlosen Geschichte. Dieser hier sehe ich ihren Mangel nach (und möchte innig hoffen, daß, wer sie liest oder hört, ein gleiches tue). Diese hier ist mir lieb und wert, so lieb und wert wie ihr Held: über dessen liebenswerte Persönlichkeit sie tieferen Aufschluß gibt, als man es einer so pointenlosen Geschichte zutrauen sollte. Er ist fast gänzlich in dieser Geschichte enthalten, Carl Zuckmayer, Dichter und Dramatiker, Sänger und Säufer, Übersetzer von Bellmans Liedern und über Bellman hin noch mit Villon verbunden, Kraftmeier und Kumpan und friedfertiger Freund. Und die Vielfalt, in der er mir aus dieser Geschichte hervorzutreten scheint, entspringt im Grunde doch seiner ersten Gestalt: er ist ein Dichter, ein Dichter ganz und gar.

Immer öfter mache ich die Erfahrung, daß solchen Titel, solchen Ehrentitel nur verdient, wer wirklich Gedichte schreiben kann. Immer deutlicher – und mit zunehmendem Alter immer schmerzlicher gegen so manche mühsam errungene Ausweitung ästhetischer oder intellektueller Standorte – setzt sich in mir die Überzeugung fest, daß eigentlich keiner, der sich nicht irgendwann einmal von Reim und Rhythmus schöpferisch übermächtigen ließ, als Dichter gelten dürfte, und stärker als jenen, die niemals Gedichte geschrieben haben, mißtraue ich nur noch jenen andern, die Gedichte ohne Reim und Rhythmus schreiben.

Denn just im Reim und im Rhythmus, just in dem von Schopenhauer mit so sardonischer Abfälligkeit beurteilten Trallala und Hopsassa [sic!]offenbart sich das eine, wahrhaftige Element, das als einziges der kommerzialisierten Verlogenheit heutigen Literaturbetriebs noch Paroli zu bieten vermag, offenbart sich der Hang zum Spielerischen und Nutzlosen (zum Sinnlosen sogar, in Gottes und Schopenhauers Namen), offenbart sich die Fähigkeit und die Bereitschaft, etwas zu schaffen, was möglicherweise gar nichts andres als schön sein will. Seit man in immer weiteren Kreisen von der Maxime abgekommen ist, daß Schönheit und Kunst zusammengehören, seit man ein Werk der Dichtkunst nach allem Möglichen und Erdenklichen befragt, nur danach nicht, ob es schön sei, hat die Misere der Literatur begonnen. Und nicht nur die Misere der Literatur.

Carl Zuckmayer, welcher in der Dichtkunst Schönes schafft, hat allerdings den Fehler begangen, auch Erfolgreiches zu schaffen. Das ist schlimm. Denn man wird unter Umständen auch heute noch geneigt sein, einen Dichter als solchen gelten zu lassen – aber dann bescheide er sich gefälligst mit der Sinn- und Nutzlosigkeit, die zur Schönheit gehört wie die Schönheit zum Kunstwerk. Erfolg stellt seine Geltung und Gültigkeit als Dichter zumindest in Frage oder hebt sie gar gänzlich auf.

Carl Zuckmayer, welcher in der Dichtkunst Erfolgreiches schafft, besitzt allerdings den Vorzug, auf den Erfolg so zielstrebig losgehen zu können wie ein Tiger auf seine Beute, reißend, rücksichtslos, über alle Hemmungen und Hindernisse hinweg, manchmal auch über jene, die sein Dichtertum ihm entgegenstellen sollte (und vielleicht entgegenstellt). Oft weiß bei ihm die linke Theaterpranke nicht, was rechts die Hand des Lyrikers tut, oder umgekehrt. Doch legitimiert sich die Tätigkeit beider gerade durch diese Umkehrung und in ihr. Das heißt, daß selbst in seinem bühnenkundigsten, ja scheinbar auf nichts als Bühnenkundigkeit basierten und auf nichts als Bühnenwirkung abzielenden Theaterstück unfehlbar dann und wann der Dichter spürbar wird, und daß anderseits noch in seinem verzücktesten Gedicht ein Kunstverstand obwaltet, der auch nicht den geringsten Dilettantismus zuläßt, ein untrüglicher literarischer Instinkt, der die Wirkung wittert wie der vorhin erwähnte Tiger die Beute (nur daß er hier nicht auf sie »losgeht«, sondern sie umwirbt).

Ich entsinne mich eines Abends in kleinem, schon emigrationsgewohntem Freundeskreis, an dem uns Zuckmayer das »Abendlied« von Claudius aufsagte und die Feststellung voranschickte: »Das ist das schönste Gedicht, das es im Deutschen gibt.« Es war eine durchaus nüchterne und sachliche, eine spürbar literaturkritische Wertung, und wir alle spürten auch ganz genau, was er meinte. Und dann sagte er das »Abendlied« von Claudius auf und wir heulten wie die Schloßhunde. Falls die eingangs zitierte pointenlose Geschichte einer Pointe bedurft hat: hier ist sie.

Unter andrem empfinde ich sie auch deshalb als Pointe, weil sie aussagt, daß Zuckmayer, in rarem Gegensatz zu den meisten der Zunft, sich bei weitem nicht nur an Eigenem entzündet, sondern mit mindestens gleichem Feuereifer auch am Schönen der andern. Wahrlich, ich wüßte mir keinen besseren Beweis dafür, daß er ein echtblütiger Dichter ist, also der Dichtkunst untertan wo immer er ihr begegnet, auch außerhalb seiner selbst.

Sollte sich aus alledem nicht schon verstehen, daß er obendrein über die wahrscheinlich kostbarste aller Gaben verfügt, mit denen Gott die ihm Wohlgefälligen ausstattet, über den Humor: dann sei es ausdrücklich gesagt. Auch sei noch ausdrücklich gesagt, daß ihm, eben weil er über Humor verfügt, dessen finsteres Gegenteil meilenferne liegt: der Neid. Und es sei – als genügte das alles nicht schon längst, als müßte man einem, dem man Talent und Können und Herz und Humor und Neidlosigkeit konzediert hat, überhaupt noch Konzessionen machen – es sei ihm sogar zugestanden, daß er Kritik verträgt, oder sich doch den überzeugenden Anschein zu geben vermag, als vertrage er sie. Es sei gesagt, daß er, wie als echtblütiger Dichter jeglicher Dichtkunst untertan, als echtblütiger Kerl jeglichem Leben verschworen ist. Daß er manchmal vom Saft des Lebens so voll durchtränkt ist, als hätte dieser Saft ihn ganz direkt vom Lebensbaume her durchrieselt. Es sei gesagt, daß von diesem vollsaftigen Sechziger so mancher Jüngere sich eins abzapfen könnte, und daß mancher das wirklich tut, zum Beispiel ich. Und darum sei ihm auch noch gesagt, daß ich ihn liebe. Und findet er, dies sei nun schon zu viel gesagt, dann mag er mir getrost mit jener Aufforderung entgegnen, die nicht von ihm ist und auch von Carl Michael Bellman nicht.

Was ist des Dichters Vaterland?

Die deutsche Literatur im Exil
(1948)

Historische Rückblicke haben es seit jeher in Gewohnheit, nach dem einen, entscheidenden Ereignis auszuspähen, dem man dann alles weitere in die Schuhe schieben kann. Mit der kürzlich abgelaufenen Geschichtsepoche – mit der von Drittem Reich und Zweitem Weltkrieg gekennzeichneten – verhält es sich nun in dieser Hinsicht besonders üppig. Sie wimmelt von endgültigen Katastrophenkeimen, von verhängnisvollen Wendepunkten, von folgenschweren Daten, und welches von ihnen man für das entscheidende halten will, bleibt eigentlich Geschmackssache.

Und zwar bleibt es das bis zum 11. März 1938. Wer sein Lieblingsdatum erst nach diesem Tag ansetzt, hat keine Ursache mehr ins Auge gefaßt, sondern nur noch eine Folge. Die letzte Ursache war der Untergang Österreichs. Man mußte ein Phantast sein und ein Wundergläubiger, um selbst dann noch irgendwelche Hoffnungen zu hegen, noch irgendwelchen Täuschungen sich hinzugeben.

Schriftsteller sind Phantasten und Wundergläubige schon von Berufs wegen. Aber den deutschen Schriftstellern, die mit Hitler nichts zu tun haben wollten, lag nach Österreichs Untergang Hoffnung und Täuschung ferner als je. Sie wußten, daß ihnen jetzt, wo immer sie lebten, ihr letztes legitimes Bereich verlorengegangen war; und daß sie in Hinkunft, wo immer sie leben würden, bestenfalls Gäste wären und jedenfalls Fremdlinge.

Zuvor, in träumerischen Stunden, hatte man sich noch so

etwas wie eine freie und in ihrer Freiheit zusammengeschlossene Kultur-Region vorstellen dürfen, die sich auf der geistigen Landkarte sogar recht ansehnlich ausnahm und die der deutschen Literatur hinlänglich Rückhalt bot. Auf Österreich ließ sich zählen und auf die Schweiz, auf die Tschechoslowakei und auf das Elsaß, und auf kompakte Leserschaften in allen übrigen Ländern, die um Deutschland herum lagen und in denen deutsche Schriftsteller mit daran wirkten, daß die Schale um den faulen Kern gesund bliebe, bis zu dem seligen Tag, da auch der Kern wieder gesunden würde. Es war eine Träumerei, so unschuldsvoll wie schuldhaft, eine verführerische Vision, ein Märchen wunderbar, und vielleicht von Dichterkünsten doch wahr zu machen.

Denn wenn auch die freie Region es nach Flächen- und Zahlenmaß mit der unfreien nicht aufnehmen konnte, – an Substanz und Gewicht konnte sie das sehr wohl, weil sie einen guten Teil der Leser umschloß und ganz gewiß den besseren der Schreiber. Und dafür, daß sie Gesicht zu wahren vermöchte und Kontinuität, bestanden alle zünftigen Anhaltspunkte. Produktions- und Aufnahmebereitschaft hielten einander eine erstaunliche Waage, es gab Verlage, in denen die Bücher der freien Autoren gedruckt, und Theater, in denen die Stücke der freien Autoren gespielt wurden, es gab Leser und Hörer (auch wo es früher keine gegeben hatte), es wurden Filme gedreht und Radioprogramme gesendet, es erschienen Zeitschriften und Zeitungen, – es herrschte, kurzum, die Atmosphäre eines beinahe normalen geistigen Lebens. Es lag eine partielle Sonnenfinsternis vor, aber noch keine totale. Emigration bedeutete materielle und seelische Not, aber noch keine geistige. Wir hatten noch ein Haus, und das Haus hatte noch uns vertraute Einrichtungen. Unsre Zimmer waren klein und in manchen war nicht gut zu atmen, aber wir hatten noch

Zimmer. Und wir hatten vor allem die Zuversicht, daß bald wieder die Zimmer im alten, im schönen, im großen Haus frei würden.

Da Österreich fiel, war alles mit einem Mal ganz anders. Da Österreich fiel, da aus der Schale um den faulen Kern ein Stück herausgebrochen war, schien mit einem Mal die ganze Schale brüchig und faul. Mit einem Mal ließ sich kein Traum von einer in Freiheit zusammengeschlossenen Kultur-Region mehr träumen, die Schweiz war kein Bindeglied mehr, das Elsaß gehörte zu Frankreich, die Tschechoslowakei hatte andre Sorgen, und die kompakten Leserschaften in den übrigen Ländern um Deutschland herum waren kleine, versprengte Grüppchen von Entwurzelten. Jetzt, im März 1938, sah die deutsche Literatur sich erst richtig und ohne Rückhalt im Exil, in der Fremde, im Ausland, – das in der sinn- und saftvollen Ursprungsform einer vergangenen Sprachepoche ja auch »Elend« heißt.

Mit Österreich, mit Wien (in dessen Nähe ein alter Wallfahrtsort liegt, genannt Maria-Elend) war der deutschen Literatur der Boden unter den Füßen entzogen worden und das Dach überm Kopf, viel unmittelbarer noch, viel wuchtiger und mit viel prompteren Folgen, als es der Parallele zum größeren geschichtlichen Ablauf entsprochen hätte. Jetzt war kein Haus mehr da und keine vertrauten Einrichtungen, nur noch die eiligen Behelfe der Dürftigkeit. Jetzt konnten wir an keinem Beinahe eines geistigen Lebens mehr festhalten, nur mit knapper Not noch am Leben selbst. Jetzt hatten wir keine Zimmer mehr, nicht einmal die schlecht gelüfteten. Wir standen in luftleerem Raum. Wir mußten erst wieder atmen lernen, damit wir sprechen könnten, und mußten sprechen lernen, in fremden Sprachen sprechen, damit wir uns die Basis schüfen, in der eigenen Sprache wieder zu schreiben. Dann und wann, ehe die Flammenwand sich endgültig dazwischenschob, sahen wir noch, was jene trieben und schrieben, die jetzt in unsern Zimmern wohnten, und sahen, daß es nicht gut war. Damit soll nicht zur Diskussion gestellt sein, ob es im alten Haus nicht auch noch Gutes gab. Jedenfalls durfte sich, wenn es da war, nicht zeigen. Es durfte, gerade weil es gut war, nicht in Erscheinung treten.

Hier aber, und wahrhaftig nur hier, waren die deutschen Schriftsteller selbst im Elend noch besser dran: daß sie ihr Bestes zeigen durften. Und sie machten von dieser Möglichkeit Gebrauch. Die deutsche Literatur, seit dem März 1938 ohne jeden heimatlichen Halt und Hintergrund, blieb dennoch in Erscheinung.

»Deutsche Literatur«: was ist darunter zu verstehen? Im allgemeinen, und im besonderen der vorliegenden Betrachtung?

Es wäre schön und gemütlich, diese Frage auf ihrem eigenen Grund zu beantworten, auf dem rein literarischen nämlich; zu vergessen, daß bis vor kurzem höchst unliterarische Finsterlinge sie auf denkbar unreinem Grund beantwortet haben; und darüber nachzudenken, ob und inwieweit so eigenständig Schweizerisches wie das Werk der Keller und Meyer und ihrer Nachfolger bis heute; ob und inwieweit das Werk der Grillparzer und Raimund (von Nestroy ganz zu schweigen) und all der späteren Österreicher mit ihren slawischen und jüdischen und lateinischen Einströmungen –: ob und inwieweit all diese Literatur als »deutsch« anzusehen sei? Denn »deutsche Literatur« (und wir meinen: zu ihrem Glück) ist durchaus kein einhelliger Begriff und war es schon lang vor ihrer Verunreinigung durch die Finsterlinge nicht. Aber es war (und gleichfalls zu ihrem Glück) doch immer so, daß sie einen zuverlässig gemeinsamen Nenner besaß, in dessen Zähler dann eben alles Platz fand, was es an kulturellen Divergenzen, an historischen Auseinander-Entwicklungen, an geistigen Antagonismen gab: die Sprache. So war das doch, so einfach. Und da wir's uns schon nicht schön und gemütlich machen können, möchten wir's uns wenigstens so einfach machen; möchten über den Bruch der vergangenen Jahre hinweg wieder dem seit Jahrhunderten erprobten Bruchstrich uns anvertrauen; und möchten, indem wir unter deutscher Literatur alle in deutscher Sprache geschriebene verstehen, Zähler und Nenner gelten lassen wie je. So daß in der vorliegenden Betrachtung mit »deutscher Literatur« jene gemeint ist, die sich überall dort, wo Adolf Hitler zählte, nicht so nennen durfte.

Emigrations-Literatur? Wir tragen Bedenken gegen diese Bezeichnung. Nicht aus archivarischer Pendanterie, und noch weniger aus der diskreten Absicht, etwa ein Stigma zu verhüllen, dessen nicht *wir* uns zu schämen haben. Sondern weil Emigration, anders als Sprache, eben kein Nenner ist, auf dem Literatur sich vergemeinsamen ließe. Emigration ist ein persönliches Schicksal, kein literarisches, und Emigrations-Literatur ist nur solche, der dieses persönliche Schicksal zum Gegenstand wurde. Bei manchen der von emigrierten Schriftstellern geschaffenen Werken war das der Fall, bei manchen nicht. Wo die bessere Literatur zu finden ist, wird sich erst später entscheiden: ob unter den kämpferischen, den zeitgemäßen, den situationsbedingten Werken derer, die aus dem Bewußtsein ihres besonderen Schicksals, aus der Verpflichtung ihres besonderen Standorts geschöpft und geschaffen haben, – oder ob die (ohnehin kämpferische) Funktion, der deutschen Literatur einen unangetasteten Fortbestand zu sichern, nicht zulänglicher von jenen erfüllt wurde, deren Werken man dereinst gar nicht anmerken wird, ob sie in der Emigration entstanden sind oder zu Hause. Keinesfalls scheint uns der Mangel solchen Merkmals unbedingt ein Defekt zu sein. Am Ende bewiese er nur, daß da den Schriftstellern an ihrer Heimat weniger verloren gegangen war, als der Heimat an ihren Schriftstellern. Und daß es ebenso unzutreffend wäre, alle in der Emigration entstandene Literatur als »Emigrations-Literatur« zu bezeichnen, wie etwa alle in der Heimat entstandene als »Heimatsdichtung«.

Denn Dichtung, – gerade das wird vom literarischen Ergebnis der Emigrationsjahre dargetan, – Dichtung ist in sich selbst schon Heimat, und wem in dieser Heimat Zuständigkeit gebührt, dem kann kein Ausbürgerungs-Dekret sie absprechen. Die marschbereite Erkundigung: »Was ist des Deutschen Vaterland?« werde füglich von jenem »Wehrlied für das Kgl. Preußische Frei-Corps« beantwortet, in das sie hineingehört; was des deutschen Dichters Vaterland betrifft, so ist es die deutsche Sprache. Diesem Vaterland hat er – mochten die Heimchen am völkischen Herd ihm immerzu nachfisteln, daß er nun vaterlandslos geworden sei – noch in der Fremde bessere Treue gehalten und größere Ehre gemacht als sie alle zusammen. Und er erwies ihnen eine ebenso unverdiente wie irrige Ernstnahme, wenn er sich gegen ihr Gefistel überhaupt verteidigte, etwa indem er sich auf sein »besseres Deutschtum« berief und solcherart eine Vergleichsbasis schuf, die jenen doch gar nicht zukam; oder indem er, im Gegenteil, dem Anwurf der »Vaterlandslosigkeit« ein frisch von der Stange gekauftes »Weltbürgertum« entgegenhielt, obschon Weltbürgertum noch niemals aus geographischer Nötigung zu erwerben gewesen ist, sondern immer nur aus geistiger Haltung zu besitzen. Wer von den deutschen Schriftstellern nicht ohnehin ein Weltbürger war, der ist es auch in der Emigration nicht geworden. Aber die meisten waren es ohnehin. Sonst wären sie nicht auch in der Emigration deutsche Schriftsteller geblieben.

Daß sie es blieben, erregte den gesteigerten Unmut der Finsterlinge, die ihnen Heimat und Titel aberkannt hatten und die es eigentlich schon als unfair, als einen Bruch der von ihnen stipulierten Vereinbarung empfanden, wenn man im Ausland überhaupt am Leben blieb. Daß man aber gar noch am Leben blieb als der, der man war: das ging ihnen dergestalt wider die Natur, daß sie die vaterlandslosen Gesellen schlagartig zu Vaterlandsverrätern beförderten. Nun ist ein vaterlandsloser Geselle noch ganz leise von Wanderburschentum und Eichendorff umklungen, und es hat vielleicht noch einen Hauch von Romantik an sich, einer zu sein. Vaterlandsverrat jedoch ist ein politisches Delikt und ein Vaterlandsverräter eine politische Figur. Die Finsterlinge sagten es, und trotzdem traf es zu: die deutsche Literatur in der Emigration war ein politischer Tatbestand.

Sie war es zum Teil aus bewußtem Plan und Vorsatz, und war es zur Gänze, weil sie gar nicht anders konnte. Denn es ist eine mißverständliche Maxime, die da behauptet oder gar postuliert, daß Kunst nichts mit Politik zu tun habe. Sie hat, ob sie will oder nicht. Sie hat mit Politik zu tun, weil sie an Öffentlichkeit sich wendet, auf Öffentlichkeit angewiesen ist, und weil man mit öffentlichem Leben nicht in Berührung kommen kann, ohne an den Faktor zu geraten, der es reguliert. Sie hat so notwendig und unumgänglich mit Politik zu tun, wie der Zugspassagier mit dem Eisenbahngeleise.

Es wäre aber nicht minder mißverständlich, vom Zugspassagier deshalb auch schon zu verlangen, daß er zugleich ein Schienen- und Schwellen-Experte sein müsse, – oder von der Kunst (und von der Literatur zumal), daß sie sich aktiv mit der Politik zu schaffen mache. Solch zweckhafte Relation tut meistens weder dem Kunstwerk gut noch der politischen Aktivität, der es zu dienen vermeint, – indessen in Wahrheit nur das Werk mit der Wirkung verwechselt wird. Und die deutsche Sprache hat es gut gefügt, daß sie da für den Schreiber das gleiche Kennwort verwendet wie für den Schauspieler: wenn einer vor allem auf die Wirkung bedacht ist, so schmiert er.

Ebenso notwendig, wie Kunst mit Politik zu tun hat, muß sie auch tendenziös sein, – wobei es dann häufig zu einer weiteren Verwechslung kommt, nämlich zu der von Tendenz und Aktualität. Und wer da glaubt, daß man seine künstlerischen Probleme und Vorwürfe unbedingt aus der Zeit zu nehmen oder zur Zeit in Beziehung zu setzen habe, ist dieser Verwechslung nicht minder heillos aufgesessen als einer, der sich der Zeit um keinen Preis stellen will, weil er das nicht für die Aufgabe des Künstlers hält oder gar für vulgär. Zum Schluß fragt es sich immer nach dem Wie, in kostbaren Ausnahmefällen nach dem Was, – aber wehe, wenn nach dem Wozu gefragt wird. Zum Schluß besteht kein großer Unterschied zwischen beabsichtigter Gemeinverständlichkeit und beabsichtigter Esoterik, oder zwischen krampfhafter Vorwärts- und krampfhafter Rückwärtsgewandtheit. Es ist in jedem Fall ein verzerrtes Bild, das da zustandekommt, und es wäre hoch an der Zeit, an unsrer Zeit, daß zum sattsam bekannten Typ des ewig Gestrigen auch der Typ des ewig Morgigen sattsam bekannt werde. Sie beide, die atemlosen Zimmermänner sowohl, die tagtäglich die Schwelle zu einer garantiert neuen Epoche überschreiten, wie die unerschütterlichen Abwinker, für die alles schon so sehr dagewesen ist, daß gar nichts mehr sein und kommen kann, – sie beide stehen auf viel ungewisserem Grund, als sie glauben. Und ob einer deshalb ertrinkt, weil er untergetaucht ist, oder deshalb, weil er keine Schwimmbewegungen gemacht hat: das spielt bei der Bergung der Leichen keine Rolle mehr.

Etwas andres ist es, gegen den Strom zu schwimmen. Das kann man sehr gut, das haben Dichter zu allen Zeiten getan, und gerade die lebendigsten und echtesten unter ihnen mit Vorliebe. Aber nicht aus Vorsatz. Auch nicht auf Grund einer präzisen Analyse des herrschenden Gefälles, und nicht weil sie beim Ausloten entdeckt hatten, daß die Strömung in Wahrheit nach einer andern Richtung ginge. Sondern sie schwammen und haben oft gar nicht gemerkt, daß es gegen den Strom war, und wunderten sich sehr, wenn sie darauf aufmerksam gemacht, wenn sie dafür gelobt oder getadelt wurden. Und oft, – desgleichen ohne daß sie's wußten, – waren es die Tadler, die gegen den Strom schwammen, getragen von einer schon verendenden Gegenströmung und unausweichlich bestimmt, mit ihr im Uferschlamm zu versikkern. Denn was sie in stolzer Ahnungslosigkeit für den Ausdruck ihrer Epoche hielten, war in Wahrheit schon das Ausgeschiedene und machte auf die nächste Epoche keinen Eindruck mehr.

Der Schreibende selbst kann dergleichen kaum abschätzen. Er kann nur versuchen, seiner Zeit gerecht zu werden. Wenn er ihr sein Bestes gibt, dann wird auch sie ihm ihr Bestes geben. Das ist zu manchen Zeiten freilich nicht sehr viel, und in solchen Zeiten haben es die Schreiber freilich schwer. Aber selbst dann, und gerade dann, sollen sie ihrer Zeit nicht entlaufen wollen, – weder voraus in eine Zukunft, in die die Zeit niemals nachkommt, noch zurück in eine Vergangenheit, in der die Zeit niemals war. Wenn sie ehrlich sind, werden sie sich darüber klar sein, daß sie Vergangenheit und Zukunft doch immer nur mit den Augen ihrer eigenen Zeit sehen können; werden der Vergangenheit, die doch an ihnen mitgeformt hat, den Respekt nicht versagen, und der Zukunft, an der sie selbst doch erst mitformen, nicht die Konzession der Ungewißheit, und werden aus dieser Balance ihre Stellung zur Gegenwart gewinnen. Und die wahrhaft Heutigen werden am ehesten die wahrhaft Morgigen sein.

Manchen von den exilierten deutschen Schriftstellern mag das Exil seine weltoffene Seite zugekehrt haben, so daß sie dem Heute näher gekommen sind und seine Strömungen tiefer ergründen konnten als die in der heimatlichen Abriegelung Verbliebenen. Manche wieder mögen vom Exil nur die Verwirrung abbekommen haben, und die allzu dichte Nähe des Heute hat ihnen nur den Blick verstellt. Manche werden die alten Anschlüsse unschwer und selbstverständlich wieder herstellen und werden die Emigration nur als eine (mehr oder weniger fruchtbare) Episode registrieren. Manche, weil die Emigration sie in der Tat umgeformt hat, werden die alten Anschlüsse gar nicht wieder herstellen wollen. Und manche werden wollen und nicht können, – nicht weil sie sich geändert haben, sondern weil dort, wo sie einst ihre Anschlüsse hatten, nun etwas andres ist (oder auch gar nichts mehr). Es sollte nicht allzu lange dauern, bis alles sich geklärt und erwiesen hat.

Aber wie viele von den exilierten Schriftstellern (und von den heutigen überhaupt) mit dem Strom geschwommen sind und wie viele gegen ihn, und welche, und was denn Strom und Gegenstrom eigentlich bedeuten, und worin denn das Heute besteht und wie man ihm gerecht wird –: das zu entscheiden, ginge über Absicht und Möglichkeiten dieses Zehnjahrbuches weit hinaus. Das ist überhaupt nicht unsre Sache. Sondern das muß, wieder einmal, der Nachwelt überlassen bleiben, jener sonderbaren Hyäne, deren Appetit so gering und deren Geschmack so wählerisch ist.

[...]

Aus dem Vorwort zum Bermann-Fischer Verlags-Almanach »Zehnjahrbuch 1938–1948«, herausgegeben von Friedrich Torberg.

Mein Komplementär-Gebiet ist die Literatur

Notizen aus dem amerikanischen Exil (1942)

Thomas Mann

hat gestern [9. April] einem kleinen Kreis (bei Alfred Neumann) Neues aus seinem Joseph-Roman vorgelesen, und ich hatte heute mit Werfel ein sehr langes Gespräch darüber, – klärend und wohltätig wie *alle* Gespräche mit W., und nebenbei für mich die erste konsequente Auseinandersetzung mit diesem Thema Thomas Mann. Ich möchte mir, zu einem späteren Zweck, wenigstens ein paar Schlagworte notieren.

Die *legitime* Vergegenwärtigung

Der Höfling, der Joseph in Pharaos Palast empfängt, sagt »exquisit« und »Merci, mein Freund« – und es ist *vollkommen in Ordnung,* nicht nur, weil es damals als vornehm galt, das Ägyptische mit babylonischen Fremdwörtern aufzuputzen, weil Babylonisch die damalige Diplomatensprache, also das damalige Französisch war –: sondern weil gleich darauf in der Schilderung Pharaos gesagt wird: »... wir dürfen uns durch die dazwischen liegenden Jahrtausende nicht an der Feststellung hindern lassen, daß er aussah wie ein junger englischer Aristokrat ...«. Nicht *trotz* diesem Einbekenntnis einer Distanz, sondern eben deswegen und dadurch *glaubt* man jenem das »Merci«, – indessen dem Feuchtwanger *kein Mensch* die »Artillerie« glaubt, die vor Jerusalem »aufprotzt«, und wenn einer den Flavius Josephus fragt: »Wann erscheint Ihr nächstes Buch, Herr Doktor Joseph?«, so *ist* es eben ein Gejüdel aus dem Romanischen Café.

Die Breite als Kunstmittel

Zur Herstellung einer Atmosphäre, die ein andrer vielleicht mit einem Satz bewältigen könnte, braucht Th. M. immer wieder Seiten. Wie kommt es, daß man das mitmacht? Da steht eine sehr pretiöse Karaffe, venetianische Glasbläserei, man will den Wein trinken – und muß sich für jeden Schluck immer erst die ganze Karaffe vorblasen lassen?

Weil es eben ein *Meisterstück* ist.

Im Ursprung und in der Wurzel war es zweifellos ein Defekt – denn der »Blattschuß« ist ihm versagt, er *könnte* die Atmosphäre gar nicht in »einem Satz« herstellen, selbst wenn er wollte, – aber wie er über diesen Defekt hinwegkommt, ist schon eine solche Leistung, daß man geradezu daran irre wird, ob jener »eine Satz« daneben als Verdienst bestehen kann. Das heißt: dieses Umkünsteln eines Defekts in einen Effekt stellt überhaupt die Kunst in Frage. »Synthetische« Kunst. So, wie durch die »Zuchtperlen« der Wert der »natürlichen« Perlen gesunken ist. (Wobei die Kunst hier gleich der Natur ist.)

Das mittelbare Erlebnis

Wenn Th. M. Joseph die Stufen zum Palast hinaufgehen läßt, so sieht er *nicht* den Joseph die Stufen zum Palast hinaufgehen, sondern er sieht einen Schriftsteller, der den Joseph die Stufen zum Palast hinaufgehen sieht.

Aber einen sehr guten Schriftsteller!

(Ich glaube platterdings, daß Th. M. das »direkte« Sehen, Fühlen, Erleben für etwas Minderwertiges und Barbarisches hält und alle jene verachtet, die es »nötig haben«.)

Ich notiere noch einen Sprachfehler, einen simplen, im Schularbeitenheft mit rotem Doppelstrich anzuzeichnenden

Sprachfehler, weil ich neugierig bin, ob er im Druck stehenbleibt:

»... wurde Joseph von einem Kämmerer erwartet, der zu seiner Begrüßung nicht mit dem Kopf nickte, sondern denselben schüttelte, und ihn dann durch einen Wink aufforderte, ihm zu folgen...«

(Er muß sich unbehaglich gefühlt haben dabei, sonst wäre schon »denselben« nicht vorgekommen; aber so stark, so plump es ist: es erdrückt doch nicht das falsche »ihn« dahinter.)*

Kunst

Weil es keine Definition eines Rätsels gibt, kann man »Kunst« nicht definieren, ebensowenig wie »Gott«, »Liebe«, »Humor«, »Genie«. Man kann nur eine Formel zu finden versuchen, in der möglichst viel des Rätselhaften, des Undefinierbaren, des Unbekannten »aufgeht« (mathematisch gesprochen, leider; und mathematisch eben ein Nonsens). Von diesem Standpunkt eines »konfinierten Definierens« wird schon Zola's Formel die beste sein: »Natur, gesehen durch ein Temperament«. Aber natürlich erfaßt sie *auch* nicht alles, auch sehr viel *Definierbares* nicht.

Ich weiß nicht, wie und woher es *mich* zu *meiner* Definition gelockt hat (und das wäre für mich interessanter als die Definition selbst). Wahrscheinlich rührt es doch in sehr hohem Maß von der *Zeit* her, in der ich zu schreiben begann, nämlich von den literarischen und politischen Umständen

* Anm. d. Hrsg.: Siehe dazu F.T. »In diesem Sinne.../ Briefe an Freunde und Zeitgenossen«, Bd XII der Gesammelten Werke in Einzelausgaben, Langen Müller, München-Wien 1981, S. 235 ff.

dieser Zeit, nämlich von den Wechselbeziehungen dieser Umstände die damals herrschten, und zwar herrschten, weil ich diesen Umständen – bei allem Bestreben ihnen gerecht zu werden – doch immer sehr mißtrauisch und jedenfalls mit Unbehagen gegenüberstand, habe ich meine Definition damals auch gar nicht aufgeschrieben. Heute (und sowas ist immer eine große Freude) scheint sie mir plötzlich in einem beträchtlich weiteren Ausmaß »gültig« zu sein als ich es ursprünglich gemeint haben dürfte, nämlich nicht bloß von der etwa »aufrüttlerischen« Wirksamkeit her, sondern von der Ablenkung ebenso, und sie »bestreicht« auch – in einer sonderbaren und beglückenden Parallele – das Ästhetische:

»Kunst ist das schlechte Gewissen der Wirklichkeit.«

Undefinierbar

Bei den genannten Undefinierbarkeiten – Kunst, Gott, Liebe, Humor, Genie – läßt sich tatsächlich eine allen gemeinsame Ursache dieser Undefinierbarkeit feststellen: weil es zu sehr davon abhängt was einer darin *sucht*, als daß es sich auf einen allgemeingültigen Nenner bringen ließe. Mir persönlich wird z. B. die Goethe'sche Formel: »Genie ist vielleicht nichts als Fleiß« nicht einmal durch das »vielleicht« erträglicher, sie hat für mich einen geradezu anwidernden Beigeschmack, nämlich genau jenen, der mir nirgends so unerträglich ist wie gerade im Zusammenhang mit Kunst: den Beigeschmack der Beamtenhaftigkeit.

Hingegen sagt mir Goethes Definition von Liebe sehr viel: »Liebe ist Glück ohne Ruhe«. Ich kenne außer dieser nur noch *eine* wesentliche, von Alfred Polgar: »Liebe – ein privates Weltereignis.«

Die mißglückteste, nämlich am wenigsten, nämlich wirklich nur *einen* Teil des zu Definierenden erfassende Definition, die ich kenne, ist die von Schopenhauer, über die Komik: »Die Diskrepanz zwischen dem Gedachten und dem Angeschauten.« Was *da* alles *nicht* drin ist –.

Das Komplementäre

Es ist üblich geworden, daß Schriftsteller, die etwas auf sich halten, sich noch irgendein Komplementär-Gebiet einrichten, auf dem sie als Kenner und Fachleute zu gelten wünschen. Einer beschäftigt sich mit Musik, ein andrer mit Richard Wagner, ein dritter mit Mathematik, ein vierter mit National-Ökonomie, und so fort.

Mein Komplementär-Gebiet ist die Literatur.

Zum Thema Deutsch

Man kann sich seine Muttersprache so wenig aussuchen wie seine Mutter, und es ist keine Frage der »Gesinnung«, daß man seine Muttersprache liebt, sondern das Gegenteil wäre ganz einfach widernatürlich.

Das ist die gegebene Situation, das und nichts weniger. Aber um Himmels willen auch nichts *mehr*!

Gerade hier, in der Fremde, merke ich, wie wenig die Muttersprache an wahrer Gemeinsamkeit schafft, und wie fahrlässig es war, sie schlechthin mit der respektiven »Kulturwelt« zu identifizieren. Gerade hier, in der Fremde, merke ich, wie wenig ich mit den Deutschen zu tun habe. Paris war nur ein paar hundert Kilometer von der Grenze jener vorgeblich gemeinsamen Kulturwelt entfernt –: und wenn ich dort einen Angehörigen dieser Kulturwelt traf, so habe ich ihn unbedenklich und froh als Landsmann begrüßt. Hier, Tausende von Meilen weiter weg, wandelt mich häufig das vehemente Bedürfnis an, Französisch für meine Muttersprache zu halten, – mit einem Deutschen hingegen englisch zu sprechen und ihn zu fragen, ob er Nestroy im Original lesen kann.

Seit ich auf englisch ein Gedicht zustande gebracht habe, bin ich von einem heillosen Respekt für die englische Prosa erfaßt. Es war ein »Gebrauchs«-Gedicht, versteht sich, von der Art wie sie etwa im »New Yorker« erscheinen (oder auf deutsch im »Simplicissimus« erschienen sind). Immerhin: es hatte Rhythmus, es hat sich hinten gereimt, sogar richtig gereimt, es steuerte richtig auf seine sprachlichen Pointen zu –: und ich bin ziemlich sicher, daß ich die adäquaten Forderungen in Prosa niemals erfüllen könnte.

Der Reim, wie sich zeigt, kann auch eine Ausrede sein.

Lyrik, Prosa, Sprache

Der Reim als Ausrede: er überbimmelt das Unvermögen, sich wesentlich auszudrücken. Er hofft – und so dürfte Schopenhauer es ja auch gemeint haben –, durch sein »Hopsasa und Geklingel« [sic!] davon abzulenken, daß das Hopsasa und Geklingel auch schon die ganze Aussage ist.

(Allerdings hat Sch., was ihm ja ziemlich häufig passiert, nicht gewußt, daß es dasselbe auch in gut gibt.)

Einer, der gute Gedichte macht, muß deshalb noch keine gute Prosa schreiben.

Einer, der überhaupt keine Gedichte macht, kann deshalb noch immer gute Prosa schreiben.

Aber einer, der schlechte Gedichte macht, kann überhaupt keine Prosa schreiben.

Karl Kraus gehört in die *zweite* Kategorie, obwohl er Gedichte gemacht hat, – aber er hat sie wirklich »gemacht«, er hat sie aus seiner Prosa entwickelt, er hat sie aus der Sprache destilliert –: und Lyrik hat eben noch von *anders*wo herzukommen als *nur* aus der Sprache. Bei K. kam sie *nur* aus der Sprache, man konnte ihr so wenig »anhaben« wie seiner Prosa –: aber was in der Prosa Meisterschaft ist, ist in der Lyrik bestenfalls ein geglücktes Gesellenstück. Ich beharre heute erst recht darauf, was ich vor 10 oder 12 Jahren in einem ersten, zaghaften Aufmucken notiert hatte: die Gedichte von K. K. sind so unverbesserlich gut, daß man sie nur in den Ofen schmeißen kann.

Über den Reim auszusagen:

Er ist das Ufer, wo sie landen,
sind zwei Gedanken einverstanden

(Kraus), ist sehr schön und sehr richtig, aber es hat, obgleich es ein »Bild« ist, keine Vision. Es ist eben *nur* richtig, es ist die schlüssige Aussage einer Evidenz, es »deckt« sich sozusagen mit den Tatsachen: aber es »ent-deckt« nichts.

Der Schluß eines Sonetts von Werfel (der in seiner Lyrik die Sprache so sehr »hat«, daß ich über jede Schlamperei seiner Prosa *noch* mehr erstaunt als wütend bin) ent-deckt etwas:

»Im Deutschen müssen sich die Sachen reimen.«

Zum Selbstmord von Stefan Zweig

Man soll das jetzt wahrscheinlich nicht sagen, und ich sag's ja auch nicht, – aber ich möchte später eines Tags beweisen können, daß und warum dieser Selbstmord in mir nicht die properen Emotionen hervorgerufen hat, sondern ein Gefühl des Ärgers und des Übelnehmens. Ich kannte Stefan Zweig persönlich kaum, als Schriftsteller nicht sehr gut, ich erinnere mich, daß er einen Brief an mich (noch aus Salzburg) einmal mit »Ihr ungebürlich eiliger Stefan Zweig« unterschrieben hat und das fehlende h war kein Schreibfehler sondern eine Prätension, und ich erinnere mich, daß ich mich bei einer einzigen Gelegenheit ernsthafter mit ihm auseinander zu setzen hatte: in meinem Vortrag über »Die Blamage des Geistes« (1933 Wien, 1934 ČSR)*, weil Zweig als Jude ebenso wie die immerhin Arier Thomas Mann und [René] Schickele mit der Nazi-Reichskulturkammer korrespondiert hatte, um das Verbot seiner Bücher in Deutschland abzuwenden. Es erscheint mir grotesk und kaum erträglich, daß gerade der Jude unter diesen dreien bis in seinen Tod hinein nichts getan hat, was die Haltung dieses Schandbriefs später Lügen gestraft hätte: zum Unterschied von Schickele, der dann *doch* in die Emigration gegangen ist (obwohl auch *seine* Nekrologe ganz zu unrecht von einem »Kämpfer gegen die Nazi-Barbarei« sprachen, ja sogar von einem »in der ersten Reihe«, was er nun *keines*falls war), und zum Unterschied vor allem von Thomas Mann. Es erscheint mir grotesk und kaum erträglich, daß gerade der Jude Stefan Zweig sich im Leben wie im Tod so gebärdet hat, als hätte ihn nicht der Ur-Feind vertrieben sondern das schlechte Klima (oder irgendetwas noch Unfashionableres, wovon man erst gar nicht spricht). Grotesk

* Anm. d. Hrsg.: abgedruckt in F.T. »PPP/ Pamphlete, Parodien, Post Scripta«, Bd III der Gesammelten Werke in Einzelausgaben, Langen Müller, München-Wien 1964, S. 20ff.

und kaum erträglich, daß er noch in seinem Abschiedsbrief die Ursache dieses Abschieds vornehm übersieht, daß er seine ungebürliche Distanz noch *hier* aufrecht erhalten will und nicht einmal bei diesem letzten und einzigen Mal aufgeschrien hat. Wahrscheinlich hielt er das für »Format«. Es ist das genaue Gegenteil.

Ich habe den Autor Stefan Zweig, den meistübersetzten und somit eigentlich berühmtesten Autor des 20. Jahrhunderts, niemals sehr geschätzt, aber ich habe ihn doch immer genug respektiert, um seinen Selbstmord unter diesen heutigen Umständen nicht für eine Privatangelegenheit zu halten, sondern für einen Sieg Hitlers. Und ich habe zu dem Menschen Stefan Zweig niemals eine richtige Beziehung gehabt, aber doch immer eine genügend richtige, um ihm diesen Selbstmord übel zu nehmen.

Ich bin von jüdischen Eltern in Wien geboren. Ich bin Jude und Österreicher, und es macht mir keine Schwierigkeit, die beiden Bestandteile meines Wesens in Einklang zu bringen. Dualismus gehört ja überhaupt zu den Grundzügen jüdischer Existenz. Man ist niemals *nur* Jude, man ist immer noch etwas anderes dazu. Um so peinlicher, wenn ein Jude *nur* etwas anderes sein will, also in unserem Zusammenhang *nur* Österreicher. Das kann er auch dadurch nicht bewirken, daß er seinen »Austritt aus dem Judentum« bekanntgibt, weil nämlich das Judentum nicht aus ihm austritt. Er sieht ja auch in den meisten Fällen nach wie vor jüdisch aus – indessen noch niemand katholisch oder evangelisch ausgesehen hat. Womit zugleich die unfromme Ausrede, daß das Judentum nichts weiter sei als eine Religion, Lügen gestraft wird, und der innere Dualismus des Judentums sich bewahrheitet. Im übrigen habe ich für meine Person gerade in Österreich die Erfahrung gemacht, daß man mit seinen nichtjüdischen Mitmenschen am besten und saubersten auskommt, wenn man sich nicht an sie anbiedert, sondern sich zu seinem Judentum bekennt und zu seinem jüdischen Schicksal steht. Auf das Wohlwollen derer, die mir das übelnehmen, lege ich keinen Wert.

Breitenfurth bei Wien, 15. November 1973

Bibliographischer Nachweis

Der Kritiker sei voreingenommen
Die Welt, 21. 10. 1971

Ausschau und Rückschau
Die Welt, 26. 11. 1977

Worauf ich gut und gerne verzichten könnte...
Münchner Abendzeitung, 9. 2. 1968

Die große Kluft
DU, Kulturelle Monatsschrift, 29. Jahrg., Juni 1969

Der letzte geistige Mentor
Merian, Oktober 1975

Vater Freud und Meister Arnold
Die Presse, 10. 1. 1969

Der Himmel verbiete das!
Die Welt, 25. 10. 1973

Ob er will oder nicht: er ist ein Dichter
Die Welt, 27. 3. 1969

Albtraum oder Reportage
Die Welt, 9. 3. 1972

Das Wünschen hat ihm geholfen
Die Welt, 10. 10. 1974

Ein genialer Dilettant
Vorwort des Herausgebers in: Fritz von Herzmanovsky-Orlando: Maskenspiel der Genien, 1958; Band 2 der Gesammelten Werke in vier Bänden, bearbeitet und herausgegeben von Friedrich Torberg, Verlag Langen Müller, 1957–1963.

Blumen der Unsterblichkeit
Frankfurter Allgemeine Zeitung, 3. 6. 1978

Karl Kraus in seiner Zeit
Emuna, 9. Jahrg. Nr. 4, Juli/August 1974

Briefe, die uns leider erreichten
Die Welt, 24. 8. 1974

Nichts geschieht wirklicher als in meinem Kopf
Die Welt, 20. 11. 1969

Ein schwieriger Herr
Die Welt, 21. 10. 1967

Ich respektiere ihn, aber ich liebe ihn nicht
Frankfurter Allgemeine Zeitung, 31. 5. 1975

Ballade vom verlorenen Lächeln
Frankfurter Allgemeine Zeitung, 10. 4. 1976

Ein Gruß vom »jungen Freund«
Robert Neumann – Stimmen der Freunde. Der Romancier und sein Werk. Zum 60. Geburtstag am 22. Mai 1957. Desch Verlag, Wien – München – Basel 1957, S. 44ff.

Denn dies alles ist wirklich geschehen
Der Spiegel, 13. 10. 1965

Interpret und Poet dazu
Die Presse, 30. 11./1. 12. 1968

Überschätzt oder unterbewertet?
Der Monat, Oktober 1978

Er lebte und starb, wie er wollte
Die Welt, 18. 2. 1971

Witz und Poesie, Scharfblick und Trauer
Die Welt, 17. 1. 1976 und 9. 4. 1977

Wenn einem mies ist vor der Mischpoche
Die Welt, 1. 7. 1978

Das Elend der Psychologie
Die Welt, 19. 3. 1970

All das Vergangene ...
Wochenpresse, 22. 10. 1975

Der absolute Dichter
Die Welt, 2. 4. 1970

Gottes Kind und Gottes Sänger
Almanach. Das neunundsechzigste Jahr. S. Fischer Verlag, Frankfurt a. M., 1955, S. 9 ff.

Ich will als Verleger nicht begeistert sein ...
nicht ermittelt

In seinem Herzen blüht der Seidelbast ...
Fülle der Zeit. Carl Zuckmayer und sein Werk. S. Fischer Verlag, Frankfurt a. M. 1956, S. 125 ff.

Was ist des Dichters Vaterland?
Zehnjahrbuch 1938–1948. Redigiert und einbegleitet von Friedrich Torberg. Bermann-Fischer Verlag, Wien – Stockholm 1948, S. 9 ff.

Mein Komplementär-Gebiet ist die Literatur
Erstveröffentlichung

Bitte beachten Sie
die folgenden Seiten

Von Friedrich Torberg
erschienen bisher im Rahmen der
GESAMMELTEN
WERKE IN EINZELAUSGABEN
folgende Bände:

Band I
Hier bin ich, mein Vater
Roman
(vergriffen)

Band II
Die zweite Begegnung
Roman
(vergriffen)

Band III
PPP
Pamphlete, Parodien, Post Scripta
(vergriffen)

Band IV und V
Das fünfte Rad am Thespiskarren
Theaterkritiken, 2 Bände
(Band IV vergriffen)

Band VI
Golems Wiederkehr
und andere Erzählungen
(vergriffen)

Band VII
Süßkind von Trimberg
Roman
(vergriffen)

Band VIII
Die Tante Jolesch
oder
Der Untergang des Abendlandes in Anekdoten

LANGEN MÜLLER

Band IX

Die Erben der Tante Jolesch

Des untergehenden Abendlandes zweiter Teil
(vergriffen)

Band X

– und glauben, es wäre die Liebe

Roman
(vergriffen)

Band XI

Apropos

Nachgelassenes – Kritisches – Bleibendes
Herausgegeben von Herbert Eisenreich und Marietta Torberg

Band XII

In diesem Sinne . . .

Briefe an Freunde und Zeitgenossen
Mit einem Vorwort von Hans Weigel
Herausgegeben von David Axmann, Marietta Torberg
und Hans Weigel
(vergriffen)

Band XII

Kaffeehaus war überall

Briefwechsel mit Käuzen und Originalen
Herausgegeben von David Axmann und Marietta Torberg

Band XIV

Pegasus im Joch

Briefwechsel mit Verlegern und Redakteuren
Herausgegeben von David Axmann und Marietta Torberg

Band XV

Auch das war Wien

Roman
Herausgegeben von David Axmann und Marietta Torberg
(vergriffen)

Band XVI

Auch Nichtraucher müssen sterben

Essays – Feuilletons – Notizen – Glossen
Herausgegeben von David Axmann und Marietta Torberg

LANGEN MÜLLER

Band XVII

Liebste Freundin und Alma

Briefwechsel mit Alma Mahler-Werfel
Herausgegeben von David Axmann und Marietta Torberg

Band XVII

Liebste Freundin und Alma

Briefwechsel mit Alma Mahler-Werfel
Herausgegeben von David Axmann und Marietta Torberg
(vergriffen)

Band XVIII

Eine tolle, tolle Zeit

Briefe und Dokumente aus den Jahren
der Flucht 1938 bis 1941
Herausgegeben von David Axmann und Marietta Torberg

Bei der Verlagsgruppe
LANGEN MÜLLER / HERBIG
außerdem noch lieferbar:

Der letzte Ritt des Jockeys Matteo

Novelle aus dem Nachlaß
120 Seiten · Efalin

LANGEN MÜLLER

Tante Jolesch-Anekdoten

Großdruck
190 Seiten · Leinen

LIMES